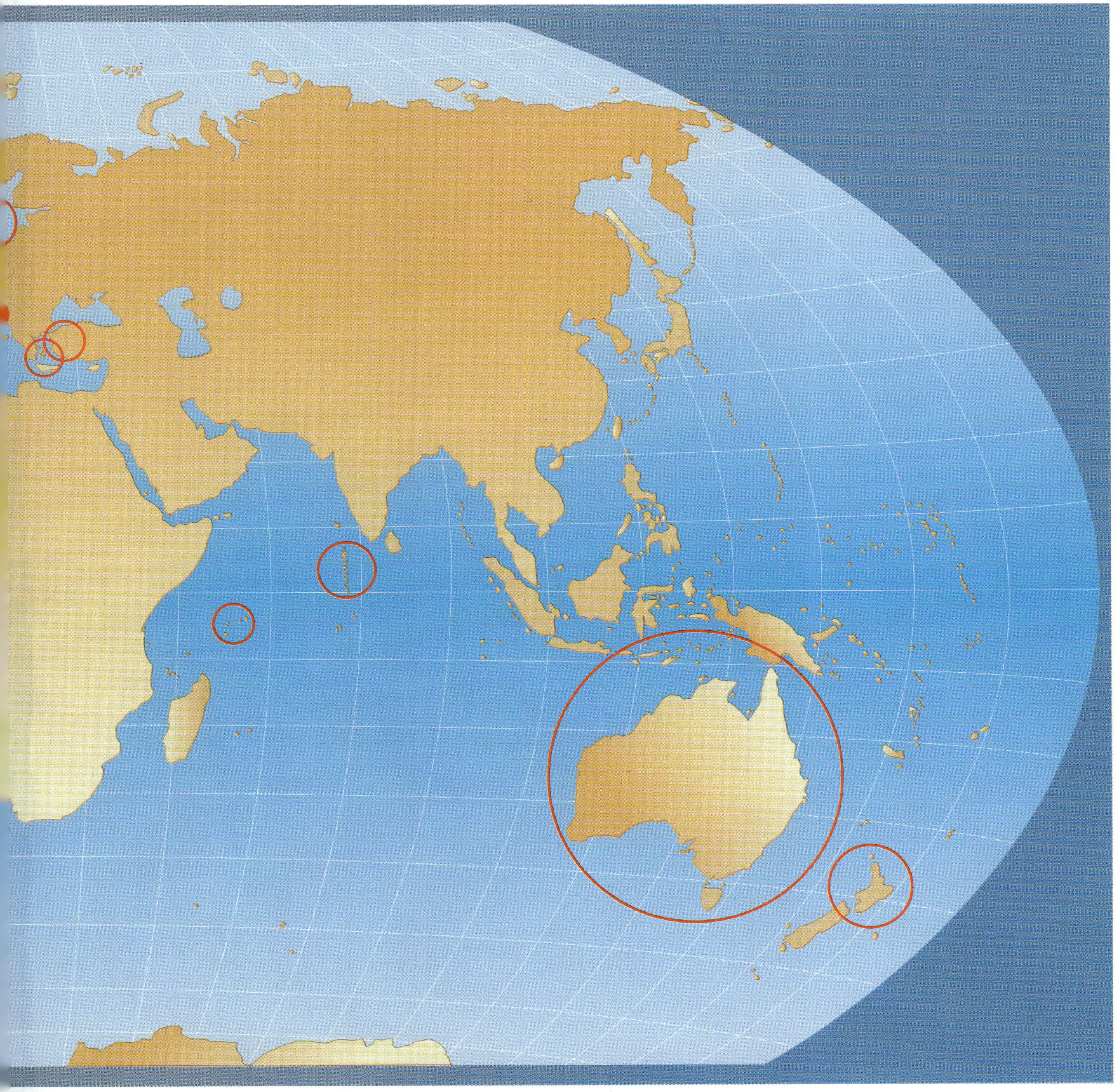

# Traumziele für Segler

# Traumziele für Segler

*Die schönsten Reviere und Yachthäfen rund um die Welt*

**Gilles Martin-Raget**

*Fotos*
**Gilles Martin-Raget und Philip Plisson**

Die Deutsche Bibliothek – CIP-Einheitsaufnahme

Ein Titeldatensatz für diese Publikation ist bei
Der Deutschen Bibliothek erhältlich

Zweite, durchgesehene Auflage

BLV Verlagsgesellschaft mbH
München Wien Zürich
80797 München

Titel der französischen Originalausgabe:
*Les plus belles Escales à la Voile*
Text von Gilles Martin-Raget
Fotos von Gilles Martin-Raget und Philip Plisson/
erschienen bei E. P. A. Editions – Hachette Livre 1998
© 1998 E. P. A. Editions – Hachette Livre, Paris/Frankreich

Deutschsprachige Ausgabe:
© 2001 BLV Verlagsgesellschaft mbH, München

Übersetzung aus dem Französischen: Karola Bartsch

Lektorat: Inken Kloppenburg Verlags-Service, München
Herstellung: Margit Jankowski
DTP: Satz + Layout Fruth GmbH, München
Einbandgestaltung: Joko Sander Werbeagentur, München
Einbandfotos:
Vorderseite: Gilles Martin-Raget/Hoa Qui
Rückseite: Oben: Stockshooter/Hoa Qui,
Mitte links u. rechts: Gilles Martin-Raget,
Unten: Nichelle/Hoa Qui

Printed in France · ISBN 3-405-15703-X

Printed and bound by Pollina s.a., 85400 Luçon - n° 83428

Dieses Buch ist eine französische Lizenz. Nicht an allen Stellen
war es möglich und sinnvoll, die Angaben, die sich auf Frankreich
als Startland bzw. Ausgangspunkt beziehen, zu ändern. Dies wird
insbesondere für Fahrtensegler zu keinem Problem führen, die,
durch diesen herrlichen Bildband erst einmal auf den Geschmack
gekommen, sowieso wesentlich genauer planen müssen. Zusätzlich sei angemerkt, dass die angegebenen Währungen zum Teil
Schwankungen unterliegen. Es ist daher unerlässlich, vor dem
Törn den aktuellen Tageskurs zu erfragen.

# Inhalt

*6* • EINFÜHRUNG

## 1      Atlantik

*10* • Cowes und der Solent
*18* • Irland
*24* • Schottland
*32* • Schweden
*38* • Die Nordbretagne
*44* • Die Südbretagne
*52* • La Rochelle und die
französischen Atlantikinseln
*58* • Newport und Neuengland

## 2      Mittelmeer

*66* • Die Provence maritime
*74* • Die Côte d'Azur und die Riviera
*80* • Korsika
*90* • Sardinien und andere
italienische Inseln
*96* • Die Balearen
*102* • Kroatien
*106* • Griechenland
*114* • Die Türkei

## 3      Tropische Meere

*122* • Die Kleinen Antillen
und die Grenadinen
*130* • Die Großen Antillen
*136* • Florida und die Bahamas
*142* • Die Seychellen und
der Indische Ozean
*148* • Die Malediven
*156* • Polynesien

## 4      An den Enden der Welt

*164* • Kalifornien von Norden
bis Süden
*170* • Von Fremantle zu den
Whitsundays
*176* • Neuseeland
*182* • Kap Hoorn und Feuerland

*190* • REGISTER
*192* • BILDNACHWEIS

# Fahrtensegeln

## Lebenskunst und Kunst des Reisens ...

Der Moment, da man bei Antritt einer Kreuzfahrt die Leinen losmacht und die Segel setzt, stellt einen wirklichen Einschnitt dar. Plötzlich schwindet der hektische Rhythmus des Lebens an Land. Die Natur gewinnt wieder Oberhand, der Steuermann geht seinen Pflichten nach. Keine Autos mehr, kein Fernsehen, allenfalls ein Radio. Auch keine Menschenansammlungen oder Staus. Das Meer bietet die einmalige Gelegenheit, alleiniger Herr seines Schicksals zu sein.

Fahrtensegeln ist Lebenskunst: Man wählt eine Route, einen Zielhafen und segelt los, macht ganz nach Belieben einen Zwischenstopp und muss niemandem Rechenschaft ablegen. Vollkommene Freiheit bedeutet das indes nicht, denn das Schiff verlangt ständige Wartung. Wind, Wellen und Strömungen erinnern daran, dass der Mensch und sein Schiff, gleich wo, für die Natur ohne Belang sind – das zu vergessen wäre gefährlich. Beim Segeln muss man sich einschätzen und mit seinen Kräften haushalten können. Gemeinsam mit anderen kann man an Bord eines Schiffes über seine Grenzen hinauswachsen, Empfindungen teilen und die Dinge in all ihren Facetten betrachten: eine schöne Schule des Savoir-vivre.

Fahrtensegeln als Kunst des Reisens kann auf einem langen Weg durch die Weiten sehr leicht zu einer Reise rund um den Globus werden. Fahrtensegeln ist nicht nur eine bestimmte Art des Reisens, sondern eine Lebensart, eine Art des Entdeckens und der Begegnung. Ob man das raue Klima des Nordatlantiks oder tropische Milde vorzieht – der Weg ist derselbe. Man kreuzt die Meere und lernt andere Meereslandschaften kennen, andere Menschen, andere Seeleute. Man spaziert auf seinem schwimmenden Haus umher – wie groß es auch immer sein mag –, einen Tag, eine Woche oder mehrere Monate lang. Man bricht auf, allein, mit Verwandten oder Freunden. Man kommt irgendwo an, sei es an einem unbekannten Ankerplatz oder in einem berühmten Hafen, der jedoch nie derselbe ist. Das Licht hat gewechselt, die Wellen haben eine andere Form, der Wind kommt aus einer anderen Richtung, die Wolken sind anders als beim Mal zuvor.

Unsere Liebe zum Fahrtensegeln gab den Anstoß zu diesem Buch. Unsere – zuweilen gemeinsamen – Reisen an unvergessliche Orte haben uns dazu bewogen, anderen diese Erlebnisse mitzuteilen. Auf dass diejenigen, denen diese Ziele vertraut sind, ihre eigenen Erinnerungen wiederfinden und andere Neuland entdecken können, das sie zum Träumen bringt.

Natürlich braucht man für eine Kreuzfahrt auch ein Schiff. Teuer und kompliziert? Nicht unbedingt. Will man auf die Schnelle und für kurze Zeit aufbrechen, lässt sich das mit einem eigenen Schiff eventuell leichter realisieren. Doch nicht immer hat man genügend Zeit, um sein Schiff auf die andere Seite des Atlantiks oder in den hintersten Winkel des Mittelmeers zu befördern. In namhaften Segelorten hat sich das Mieten und Chartern von Schiffen zu einer äquivalenten und äußerst reizvollen Alternative entwickelt. Man hat die Wahl unter mehreren Schiffen, von den Zielorten ganz zu schweigen. Ob Einrumpfboot oder Katamaran, ob ein kleines oder großes, ein schmales oder breites Schiff – man bezahlt für die Dauer der Nutzung und ist nach Ende der Kreuzfahrt von sämtlichen Sorgen befreit.

Häufig wird uns die Frage nach dem idealen Fahrtenschiff gestellt. Nach etlichen Jahren und den verschiedensten Erfahrungen auf fast jedem schwimmenden Untersatz können wir mit Gewissheit behaupten, dass es darauf am wenigsten ankommt. Was zählt, ist, mit Menschen unterwegs zu sein, an denen einem etwas liegt, und einen Rhythmus und eine Strecke zu finden, die der Crew entgegenkommen. Die Freude an der Sache ist das Wichtigste bei einer Kreuzfahrt. Man kann mit Freunden einen unvergesslichen Törn an Bord einer schier berstenden 8-Meter-Yacht in der Südbretagne haben und auf einer Megayacht vor Grenada mutterseelenallein die Zeit totschlagen.

Leinen los also für die nachfolgenden sechsundzwanzig Segelreviere, die uns tief beeindruckt haben und die wir uneingeschränkt empfehlen können, darunter berühmte und weniger berühmte, Ziele in unmittelbarer Nähe und solche, die immer ein Traum bleiben werden, viel besuchte und sehr einsame. Manche Meere werden seit Menschengedenken von Schiffen befahren; bestimmte Segelgebiete hingegen stehen der Sportschifffahrt erst seit kurzem offen. Segelziele gibt es in sämtlichen Ozeanen der Welt und auf allen Längengraden. In manchen herrscht trotz ihrer sehr nördlichen Lage eine einzigartige Stimmung, andere sind tropisch somnolent. Wir mussten eine Auswahl treffen. Gern hätten wir jeden Ankerplatz, jeden malerischen Hafen ausführlicher beschrieben. Und noch weitere Segelziele auf der ganzen Welt präsentiert, Stationen, Archipele und herrliche Meereslandschaften, denn daran mangelt es nicht. Diese Beschränkung aber entspricht letztlich einer Erfahrung, die man auch bei Kreuzfahrten macht: Sie sind immer zu kurz!

GILLES MARTIN-RAGET / PHILIP PLISSON

# 1 Atlantik

# Cowes und der Solent

## Zurück zu den Anfängen

Mehr als irgendein anderer Ort trug Cowes vor nun fast zweihundert Jahren zur Entwicklung des Yachtensegelns bei. Das »Mekka des Segelsports« liegt auf der Isle of Wight im Süden Großbritanniens. Die sattgrüne, hügelige Insel, deren Nordküste durch die Einbuchtungen mehrerer Flussmündungen geprägt ist, war schon immer ein beliebtes und nahe gelegenes Ziel für Sommerfrischler des britischen Adels, später dann auch des gehobenen Mittelstands. Ein ursprünglicheres, vielfältigeres Wassersportgebiet als den Solent, jenen Meeresarm, der die Insel Wight von England trennt, lässt sich kaum denken: Bei geschützter Lage und gesäumt von zahlreichen Sandbänken, bietet er mit seinen starken Strömungen einen idealen Tummelplatz für Segelfreunde. So ist es nicht verwunderlich, dass Segelsport und Freizeitsegeln hier ihren Ursprung haben, unweit der großen Häfen London, Southampton und Portsmouth, die den Ruhm der britischen Schifffahrt begründeten und nicht unwesentlich an der industriellen Revolution beteiligt waren. Die berühmtesten Schiffe der Geschichte haben in diesen Gewässern gekreuzt; hier wurde nicht nur der America's Cup – der 1851 von der britischen Königin Victoria für eine Regatta rund um die

**Angesichts der großen Anzahl der Schiffe, die im Solent vor Cowes kreuzen, sind Ausweichmanöver hier eine Pflichtübung.**

*Unten:*
**Die Kanonen des Royal Yacht Squadron werden mittlerweile elektronisch gezündet, denn bei den Wettbewerben ist Präzision das A und O.**

Insel Wight gestiftete Pokal – ins Leben gerufen, an dieser Küste entstanden auch einige der größten Yachten wie die *Shamrock,* die *Britannia* oder die *Velsheda.*

Dank des britischen Bewusstseins für Traditionen haben sich die Dinge seither kaum verändert. Noch immer ist Cowes eine Hochburg für Offshore-Rennen und internationalen Yachtsport. In Jahren mit ungerader Zahl wird hier der berühmte Admiral's Cup – der erste Pokalwettbewerb der Welt, der dem »Inshore-Offshore-Schema« folgte, also Küsten- und Hochseeregatten kombinierte – ausgetragen, eine der weltweit renommiertesten Regatten, an der die erfolgreichsten Steuermänner und Ausrüster teilnehmen. Und ebenfalls alle zwei Jahre geben die Kanonen des Royal Yacht Squadron den Startschuss zum Fastnet-Rennen, bei dem an die zweihundert Mannschaften die Strecke bis zum gleichnamigen Leuchtturm wenige Seemeilen vor Irland und

## Familie Beken aus Cowes

Kein Name, sondern eine Institution: Beken, im Bereich der Meeresfotografie die Referenz schlechthin, steht für Kreativität, Tradition und die beispielhafte Vertretung einer Zunft. Frank Beken, herausragender Zeuge der Epoche der großen Yachten in der ersten Hälfte des Jahrhunderts, operierte immer von einem kleinen Ruderboot aus; mit beiden Händen hielt er das riesige Kameragehäuse, den Auslöser bediente er mit den Zähnen. Sein Sohn Keith hat die Entwicklung des modernen Yachtsports begleitet. Seine Farbaufnahmen haben die Siege einer ganzen Generation hervorragender Segler beim Admiral's Cup und dem Fastnet-Rennen dokumentiert. Heute setzt Kenneth Beken die Tradition fort und verwaltet mit der Fotothek einen einmaligen Schatz dreier Generationen von Fotografen, die Cowes stets treu geblieben sind. Der Besuch ihres Ladens in der High Street ist ein absolutes Muss. Man darf sich glücklich wähnen, die eigene Yacht, mit den Augen eines Beken of Cowes betrachtet, präsentieren zu können.

meilen) oder Le Havre (96 Seemeilen). Zwei wichtige Faktoren müssen allerdings berücksichtigt werden: Einerseits der enorme Handelsverkehr in einer Größenordnung von täglich mehreren Hundert Schiffen aller Art, die kreuz und quer den Ärmelkanal befahren – insbesondere die Fähren, die England mit dem Festland verbinden –, und andererseits die mächtige Strömung, mit der man in beiden Richtungen zu kämpfen hat; sie gehört wegen der geringen Tiefe und der Enge der Durchfahrt zu den stärksten der Welt. Die Passage des Ärmelkanals ist in erster Linie eine Flussüberfahrt. Da zudem nicht selten Nebel herrscht, ist diese Reise alles andere als eine Spazierfahrt für Anfänger. Sobald die Isle of Wight auftaucht, gelangt man über eine der beiden natürlichen Zufahrten in den Solent: Entweder lässt man die hohen weißen Klippen der Needles, eine auffällige Landmarke, steuerbords, oder man fährt über den Osten in der Nähe des Nab-Leuchtturms ein. Und alsbald kann man seine Blicke schweifen lassen. Die Landschaft im Hintergrund der schönsten Yachten aller Zeiten, die man vielleicht von Aufnahmen der Meeresfotografen aus der Familie Beken kennt, hat sich kaum verändert: sanft zum Meer hin abfallende Hügel, kleine weiße Häuser inmitten von üppigem Grün, Flussmündungen, die etlichen Yachten einen Ankerplatz bieten, das grüne Wasser des Solent, wolkenschwere Himmel und vor allem Segelschiffe, wohin das Auge blickt. In Wirklichkeit gibt es in der Gegend noch zahlreiche andere gastfreundliche Häfen wie Lymington (an der englischen Küste) oder Hamble River in der Nähe von Southampton. Man kann sogar behaupten, dass der Solent weltweit zu den Gebieten mit den meisten Freizeityachten gehört, und in seiner Schifffahrtsindustrie sind einige der größten Namen präsent.

retour zurücklegen. Nebenbei gilt der Royal Yacht Squadron als einer der exklusivsten Clubs weltweit; Frauen haben erst seit einigen Jahren Zugang. Und alle vier Jahre ist Portsmouth auch Start- und Zielhafen des Whitbread Race, der härtesten Regatta der Welt.

Jeder echte Yachtensegler ist sich eine Fahrt nach Cowes schuldig. Bricht man in Frankreich auf, dauert die Überfahrt kaum länger als vierundzwanzig Stunden ab Cherbourg (77 See-

Der Solent ist ein riesiger Meerespark, in dem Segelschiffe jeder Art und Größe häufiger und auch intensiver segeln als andernorts. Unabhängig von der Jahreszeit, vom Wetter oder der Windstärke sieht man stets Segelyachten am Horizont. Beispielsweise eine herrliche Red Wing und an ihrem Ruder einen typisch britischen Steuermann mit weißer Mütze und Blazer, der sein Gegenüber – das ihm rein äußerlich in nichts nachsteht – so höflich wie entschieden auf sein Vorfahrtsrecht hinweist. Oder eine wunderbare blassrosafarbene Dragon mit einigen jungen, ausgelassenen Engländern an Bord, denen anscheinend weder Seegang noch Wetter etwas anhaben können. Natürlich sieht man gelegentlich das Boot des mit Fotoapparat bewaffneten Beken of Cowes, der seinem Namen in dritter Generation Ehre macht. Und jedes Mal fährt man zusammen, wenn beim Royal Yacht Squadron auf Kom-

**Der Leuchtturm von Needles am Fuß der charakteristischen Steilfelsen der Isle of Wight markiert die Westzufahrt zum Solent. In früheren Zeiten machte man hier die Leinen los mit Kurs aufs offene Meer.**

mando des diensthabenden Offiziers Kanonenschüsse Start und Ziel der zahlreichen Einzelrennen verkünden. Auch die unzähligen Fahrtenyachten darf man nicht vergessen, die im Sommer im Solent kreuzen, die vielen Fähren, die Tag für Tag Tausende von Menschen und Fahrzeugen zwischen der Isle of Wight und England hin und her befördern, sowie die riesigen Containerschiffe, die auf ihrem Weg in die Häfen von Southampton oder Portsmouth zwangsläufig hier vorbeikommen. Wie auf einem Gemälde von Dubout tummeln sich alle erdenklichen Segel- und Motorboote auf einem nicht eben großen Gewässer. Verabschiedet hat sich mittlerweile allerdings die königliche Yacht *Britannia*, die für gewöhnlich in der Mündung des Medina River lag und dann verkauft wurde. Zu sehen ist hingegen noch die *Norge,* die königliche Yacht Norwegens, mitsamt ihren kleinen Beibooten aus

lackiertem Holz, die – gesteuert von stets tadellos gekleideten Matrosen – hin und wieder diskret Persönlichkeiten inkognito zu einem der Privatstege befördern. Auch in Cowes selbst ist das Gedränge groß. In dieser Hinsicht kann es die dortige High Street durchaus mit den Kais in Saint-Tropez im Monat August aufnehmen, abgesehen davon, dass die Bevölkerung hier vor allem aus *yachties* besteht, die sich mit geschultertem Seesack auf Fahrt begeben. Mit Docksides an den Füßen, der obligaten Mütze auf dem Kopf und salzgegerbter Haut schiffen sie sich ein. Auf vornehme Herrschaften – die Damen in einem geblümten, einen Hauch obsoleten Kleid, die Herren mit Blazer und Krawatte – trifft man hier übrigens öfter als anderswo; meist haben sie es eilig auf ihrem Weg zu einer jener höchst exklusiven Privatpartys, zu der ein Club, eine am Admiral's Cup teilnehmende Mannschaft oder ein Sponsor geladen haben. Am Abend werden auf dem Parkplatz im Yachthafen von Cowes, auf dem riesige Zelte aufgestellt sind, zum monotonen Rhythmus einer Techno-Musik und in einer einzigartigen Dunstwolke aus Hamburgern und Fish & Chips mehrere Dutzend Hektoliter Bier ausgeschenkt. Im Umkreis von etlichen Kilometern ist in keinem Restaurant ein Platz auf-

*Rechts:*
**Kleine, gepflegte Häuser und auf Hochglanz getrimmte Boote – zwei Standards in Cowes.**

*Unten:*
**Ob Red Wing, Dreimaster, Seekreuzer oder Admiral's-Yacht – eine Vielzahl von Schiffen kreuzt im wechselnden Licht des Solent.**

zutreiben, und sämtliche Bed-and-Breakfast-Unterkünfte sind ausgebucht. Die Boote liegen längsseits in Fünfer- und Sechserreihen, doch man denke nicht, dieser Andrang sei einer im Licht der Sommersonne glitzernden Kulisse zu verdanken: Die Regel ist hier eher der Regen!

# Nützliche Tipps

### Die ideale Segelzeit

Die Sommermonate von Juni bis September sind unbestritten die beste Zeit. Buntes Treiben herrscht in der ersten Augustwoche, in der traditionsgemäß die Segelwoche von Cowes stattfindet und – in den Jahren mit ungerader Zahl – das Fastnet-Rennen beginnt. In dieser Zeit wird man allerdings nur mit Mühe einen Liegeplatz am Kai finden. Es empfiehlt sich, einen etwas entfernteren Ankerplatz zu suchen oder abends die Häfen an der englischen Küste anzusteuern (Lymington, Hamble River) und nur tagsüber nach Cowes zu kommen, wenn die Rennyachten unterwegs sind.

### Die Anreise

◆ Mit der Segelyacht: Von Cherbourg oder Le Havre aus (77 bzw. 96 Seemeilen) dauert die Überfahrt weniger als vierundzwanzig Stunden. Ab Saint-Malo ist die Strecke zwar länger (140 Seemeilen), doch sind die Kanalinseln ein reizvoller Ort für eine Zwischenstation.
◆ Mit der Fähre: In regelmäßigen Abständen verkehren Fähren ab Cherbourg und Le Havre-Ouistreham nach Portsmouth oder Cherbourg – Southampton; sie legen die Strecke innerhalb einer Nacht

zurück. Luftkissenfahrzeuge steuern von Southampton oder Portsmouth aus die Inselorte Cowes, Ryde oder Yarmouth an.
◆ Mit dem Flugzeug: Regelmäßige Verbindungen zwischen Paris und Southampton. Die Anlegestelle in Portsmouth für die Fähren in Richtung Wight liegt etwa eine Autostunde von den Londoner Flughäfen entfernt.

### Notizen für das Logbuch

◆ Wetterzone: Ärmelkanal-Ost, Ärmelkanal-West (Wight und Portland für die Wetterberichte der BBC)
◆ Währung: Pfund Sterling (1 Pfund = 2,99 DM/1,53 Euro).

◆ Marinas in Cowes:
Cowes Yacht Haven, Tel.: 29 99 75
Cowes Marina, Tel.: 29 39 83
Shepards Warf, Tel.: 29 78 21.

◆ Der Medina River ist für Boote mit weniger als 2,50 m Tiefgang schiffbar.

### Empfehlenswert

◆ Beken of Cowes, High Street: Weltweit einzigartige Schifffahrtsarchive.
◆ Die Bar im Foutain Hotel: Ein typisch britisches Pub, laut und überfüllt. Von einem Aufenthalt dort während der Segelwoche von Cowes muss allerdings dringend abgeraten werden!
◆ Corinthian Sailing Club: Der Zugang ist hier leichter als in den meisten anderen Clubs in Cowes; vom Restaurant aus sieht man auf den Fluss, das Schauspiel zu Wasser ist garantiert!
◆ Das Büro des RORC, High Street: Der Royal Ocean Racing Club spielt bei den internationalen Hochseeregatten nach wie vor eine herausragende Rolle.
◆ Der Royal Yacht Squadron: Eine weltweit berühmte Institution, die jedoch nicht öffentlich zugänglich ist. Aus der Ferne kann man zur Cocktailstunde einen Blick auf die gekrönten Häupter werfen, die dem Ritual der Kanonenschüsse beiwohnen, welche an der Strandpromenade vom Start und vom Zieleinlauf eines Rennens künden.

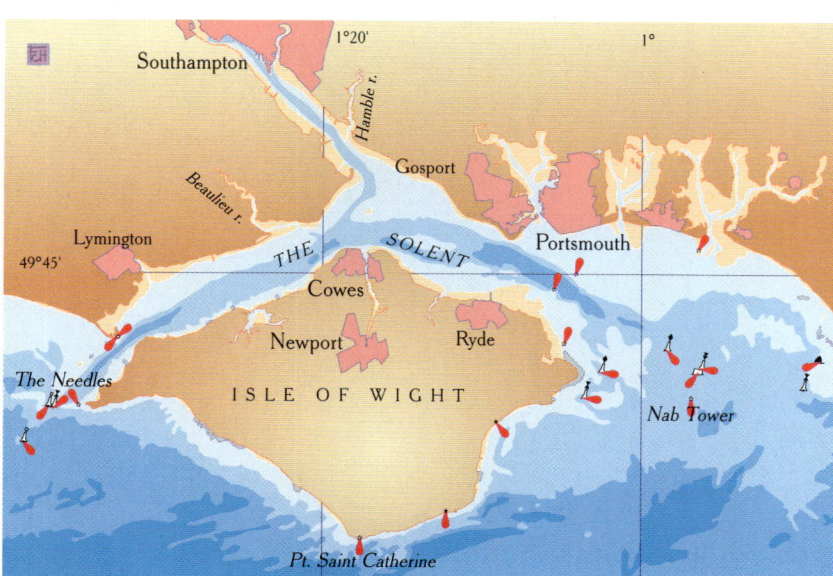

# Irland

## Im Herzen der keltischen Welt

»Herr, wir bitten Dich, dass niemand Schiffbruch erleiden möge. Doch wenn, so lass es vor diesen Inseln geschehen, zum Wohle ihrer armen Bewohner.« Anders als dieser Anruf glauben machen könnte, handelt es sich bei den Scilly-Inseln beileibe nicht um einen Archipel der Gestrandeten. Die Bewohner hatten es nie nötig, mit lichterbehangenen Kuhschwänzen nächtens vorbeifahrende Schiffe auf ihre steinernen Küstenstreifen zu locken, die als natürlicher Schutzwall gegen den Ozean dienen. Und wenn es an den Felsen des Bishop Rock, den Bryher-Riffen oder den Klippen von Saint Martin's Head dennoch zum Ernstfall kam, so mussten sich die Insulaner nach ihrer Hilfeleistung für die Überlebenden nur noch bücken, um die Schiffsladung einzusammeln. Die Karten, auf denen die Wracks vermerkt sind, die hier, 21 Seemeilen vor Land's End am Eingang zur Irischen See, an achtundvierzig Inseln – darunter nur vier bewohnte – auf Grund gelaufen sind, zeichnen einen regelrechten Trauerkranz auf. Genau auf dem Seeweg zwischen England und Amerika sind die Scillys auch eine ideale Zwischenstation auf halber Strecke nach Irland, einen Segeltag von Brest entfernt, ein wenig weiter ist die Strecke von Granville oder Saint-Malo aus. Es empfiehlt

**Oben:**
**In Cork wurde der erste Yachtclub gegründet. Segeln in Irland hat nach wie vor das gewisse Etwas.**

sich, bei Tageslicht und Flut anzukommen, idealerweise auch mit der Sonne im Rücken, sofern diese sich zeigen will ... Die Belohnung ist einem jedenfalls gewiss, denn dies ist ein Segelziel, wie es im Buche steht. Wenn das Schiff vor Anker liegt, sollte man nicht zögern, ein Pub aufzusuchen, in dem man die von den freiwillig oder unfreiwillig gestrandeten Unglücksschiffen geborgene Beute mustern kann. Es ist kein Zufall, dass sich am Ankerplatz von Hugh Town, dem größten Hafen auf der Insel Saint Mary, hinter dem weithin sichtbaren rot getünchten Tor das Rettungsboot verbirgt, das für einen beachtlichen Rekord steht: Innerhalb eines Jahrhunderts wurden 148-mal Menschenleben gerettet. An Land kommt der Alltag zu seinem Recht: Handwerksbetriebe entlang den gewundenen Gässchen, Blumen in allen Gärten, tropische Pflanzen auf der Insel Tesco. Zweimal pro Woche findet das Rennen der Walfischboote statt – ein unterhaltsames Ereignis aus dem Inselleben. Auf dem Weg nach Irland sollte man die Scillys, die allerdings auch für sich allein ein lohnendes Ziel darstellen, nicht übersehen.

Irland liegt nämlich nicht direkt vor der Haustür: Dreihundert Seemeilen sind es auf direktem Weg von der Bretagne bis Kinsale. Kein kleiner Meerestörn also, sondern eine ernsthafte Hochseepartie, die sorgfältig vorbereitet sein will. Binnen drei Tagen können sich auch die besten, noch am Abfahrtstag gültigen Wettervorhersagen entscheidend gewandelt haben. Sowohl der Handelsverkehr als auch die Fischerboote haben auf der Strecke mit den häufigen Tiefs zu kämpfen. Dennoch ist Irland ein faszinierendes Land für all jene, die ausreichend Zeit mitbringen.

Der natürliche Landepunkt befindet sich an der Südküste und heißt Kinsale. Die Lieblingsstation der Segler beim Figaro-Einhandrennen liegt in der Mündung des Bandon River, den man zu jeder Tageszeit ansteuern kann. Kinsale ist ein fröhlicher, belebter Hafen, in dessen pittoresken Gassen Pubs und hervorragende Restaurants sich dicht an dicht aneinander reihen. Historische Stätten der Kelten oder Normannen gibt es in Hülle und Fülle. Sei es als Zielort derer, die aus der Bretagne kommen,

**Mit gemütlichen Pubs, keltischer Kultur und überschaubaren Häfen hat Irland auch an Land viel zu bieten.**

oder als Ausgangspunkt, wenn man vor Ort ein Schiff chartert: Kinsale ist der Start zu einer der authentischsten Fahrtenrouten, die Europa zu bieten hat. Man sollte sich allerdings bereits im Vorfeld darüber im Klaren sein, dass man diese Region mehrmals aufsuchen muss, will man sie gründlich erkunden. Zum einen herrschen nicht immer ideale Wetterverhältnisse, und zum anderen gibt es ungeheuer viel zu besichtigen. Eines gilt indes immer: Allein schon wegen der irländischen Gastfreundschaft sollte man genügend Zeit mitbringen, denn in der Regel gehören dazu mehrere Pints Bier in einer gemütlichen Ecke eines Pubs. Was nicht im Handumdrehen erledigt werden kann, erfordert eben die rechte Muße und hinterlässt manchmal auch am Morgen danach noch seine Spuren . . .

Für einen ersten gemächlichen Törn bietet sich beispielsweise die Küste zwischen Cork – wo der Grundstein für den ersten Yachtclub der Welt gelegt wurde – und den Klerrig-Inseln an. Geografischer Mittelpunkt ist hier der berühmtberüchtigte Fastnet Rock, ein Leuchtturm, der bei der gleichnamigen, zweijährlich stattfindenden Regatta die Wendemarke bildet. Die Tragödie, die sich bei dem Wettbewerb des Jahres 1979 ereignete (fünfzehn Tote infolge eines plötzlichen, ungewöhnlich heftigen Sturms mitten im August) erinnert daran, dass dieser Flecken des Ozeans ein bevorzugtes Durchzugsgebiet für atlantische Tiefs ist, die

innerhalb weniger Stunden ebenso unvorhersehbare wie vehemente Auswirkungen zeitigen können. Die Wetterentwicklung muss ständig verfolgt werden, und man sollte eine Vielzahl von Rückzugsmöglichkeiten parat haben. Entlang der Küste ragen tiefe Buchten in das Landesinnere, und es gibt zahlreiche Inseln, Mündungen und Zwischenstopps, deren sattes Grün im Licht eines stets wechselnden Himmels in den verschiedensten Tönen schillert. »Wenn Ihnen das Wetter nicht zusagt, haben Sie eine Minute Geduld!« – so lautet der Lieblingskommentar der Iren, wenn es um ihre Witterungsverhältnisse geht.

An Zwischenstopps seien genannt Castletownshend, Baltimore, ein kleiner, geschützter Hafen in einer fast geschlossenen Bucht 8 Seemeilen vom Fastnet entfernt; Hare Island oder das im Schutz einer kleinen Insel liegende Kitchen Cove, Kenmare oder Glengariff in der

**Grüne Landschaften und Regen bedingen einander auch in Irland. Der Wind kann schnell auffrischen, der Wetterbericht muss stets verfolgt werden, doch findet man an den zerklüfteten Küsten auch gut Unterschlupf.**

Bucht von Bantry, deren Mikroklima eine üppige Vegetation hervorgebracht hat, die man auch bei einer Fahrt auf den mit viel Laubwerk gesäumten Kanälen erforschen kann. Jede Etappe umfasst zwischen 10 und 40 Seemeilen am Fuße einer stark zerklüfteten Küste, die sehr viel weniger von Freizeitseglern frequentiert wird als beispielsweise die Bretagne oder der Solent und um ein Vielfaches intakter ist als die Côte d'Azur oder die Balearen. Die Hafenanlagen sind meistens recht klein, Muringbojen die Regel.

Auf dieser Seite des Meeres finden sich vor allem atemberaubend raue Landschaften wie beispielsweise die Skellig-Inseln; in dieser unberührten Natur wirkt die Kraft keltischer Identität. Michael Skellig ist eine verschwindend kleine, hoch aufgetürmte Insel aus reinem Fels, eine grandiose, von Wind und Wellen geformte Steilküste. Keltische Mönche errichteten hier im 6. Jahrhundert eine Siedlung mit zwei Oratorien, sechs Zellen, einer Kirche und einem Friedhof, allesamt aus purem Stein ohne Mörtel gebaut. Die einwandfrei erhaltenen, bienenstockförmigen Zellen sehen denen der *Bories* in der französischen Vaucluse zum Verwechseln ähnlich – eine ergreifende Kulisse. Ein wahres Vogelparadies ist die Insel außerdem: Vom Papageitaucher über den Sturmvogel und Pinguin bis hin zum Basstölpel auf der kleinen Nachbarinsel Little Skellig ist alles vertreten.

Irland hält noch etliche weitere Schätze dieser Art bereit. An verschiedenen Kaps und Flussmündungen vorbei, gehen wir der Legende der Blasket-Inseln nach, deren Bewohner 1956 nach mehreren Jahren ertragloser Fischerei endgültig von ihrer Heimat Abschied nahmen. Mit ein bisschen Glück sieht man weiße Seeadler, die dort vor kurzem wieder angesiedelt wurden. Noch weiter nördlich markieren die

Aran-Inseln den Eintritt in die schroffste, aber auch schönste Gegend ganz Irlands, den Connemara. Grünflächen wechseln mit kahlem Grund, auf dem das Gras dem Granit jeden Quadratmeter abringt; kleine, allein stehende Cottages, ein Gespinst flacher Mauern aus kargem Stein – so sieht es auf den Inseln aus. Das Festland mit seinen riesigen Steilküsten macht die Küste noch unzugänglicher und rückt die Zivilisation in noch weitere Ferne. 1960 haben die drei letzten Bewohner von Inishark den Kampf aufgegeben. Anfang des Jahrhunderts zählte Inishbofin noch tausendfünfhundert Einwohner, heute sind es weniger als zweihundert. Angesichts eines solchen Schicksals zeigen sich selbst die Meerestiere solidarisch: Das Delfinweibchen Fergie beispielsweise fordert jeden Besucher bei der Einfahrt zum kleinen Hafen von Dingle zum Spielen auf. Westirland ist ein raues Land – aber ein schönes.

# Nützliche Tipps

### Die ideale Segelzeit

Von Juni bis September, wenn das Azorenhoch seine Antizyklonen über die Britischen Inseln schickt. Das heißt jedoch keineswegs, dass Tiefs, Windböen (durchschnittlich Stärke 2 im Juli) oder gar Regen ausgeschlossen wären!

### Die Anreise

◆ Mit der Segelyacht: Unabdingbar für eine Kreuzfahrt in Irland sind ein seegängiges Schiff und eine erfahrene Crew, die den Anstürmen von Wind und Wasser gewachsen sind. An der Westküste wird man häufig einen Ankerplatz an

einer Luvküste ansteuern; die Bebakung ist eher spärlich und fordert dem Navigator erhöhte Aufmerksamkeit ab. Für Verpflegung, Treibstoff und Trinkwasser ist ausreichend Vorsorge zu treffen. Die meisten Dörfer liegen nicht direkt an der Küste, weswegen man für vier bis fünf Tage autark sein sollte.
◆ Mit dem Flugzeug: Täglich Flüge der Air Lingus/British Airways und der Air France nach Dublin mit Anschlüssen nach Galway, Cork oder Slogo. Direkte Verbindungen gibt es auch nach Shannon und Cork.

### Notizen für das Logbuch

◆ Wetterzone: Südirland, Westirland, Irische See. Die Entsprechungen in den englischen Wettervorhersagen sind: Fastnet (im Süden), Shannon (im Westen), Marin (für den Nordwesten), Irische See (im Osten).
◆ Tidenhub: Zwischen 4 m in Kinsale und 5,9 m in Limerick bei lebhaftem Seegang.
◆ Währung: Irisches Pfund (1 Pfund = 2,48 DM/1,27 Euro).
◆ Reiseführer: *Sailing directions, South and west Coasts of Ireland* vom Irish Cruising Club.
◆ Einer bestimmten Richtung muss man bei der Erkundung Irlands nicht folgen. Es gilt lediglich, dass die irischen Schiffe in der Regel gegen den Uhrzeigersinn fahren, die englischen Yachten andersherum. Angesichts der herrschenden Winde lässt sich meist nicht sagen, wem es dabei besser ergeht . . .

### Empfehlenswert

◆ Pubs und Restaurants in Kinsale.
◆ Ein Ausflug zum Fastnet Rock.
◆ Ein Besuch des Cork Yacht Club, des ältesten Yachtclubs der Welt.
◆ Eine besinnliche Fahrt zu den Skellig-Inseln.

# Schottland
## Land der Binnenseen

Schottland ist kein ganz einfaches Fahrtenziel, und genau das ist sein Trumpf. Denn für geübte Segler ist es eines der phantastischsten Segelreviere, die man sich vorstellen kann. Jeder Loch und jede Insel, jeder *sgurr* (gälisch für Steilfelsen) und jeder See lässt sich bei einem schnellen Abstecher oder in einer zweiwöchigen Erkundungsreise fern der lärmenden Drangsal der Zivilisation erreichen. Die gesamte Küstenregion ist ein einziges Naturschutzgebiet; Wasser und Land greifen so eng ineinander, dass ein regelrechter Schutzwall aus Klein- und Kleinstinseln die hinreißende Landschaft weitestgehend vor dem Ansturm des Atlantiks schützt.

Wer sich Schottland als Ziel aussucht, das Land aus Torf, Heidekraut und Granit, bekundet sein Gefallen an Robustem und Gediegenem, aber auch an überwältigenden Eindrücken wie dem Anblick eines jener gottverlorenen Schlösser, die urplötzlich hinter der Biegung eines Kanals aus dem Nichts auftauchen. Ein Land, dessen besondere Merkmale sich im Laufe blutiger Schlachten, wirtschaftlicher Not und kultureller Auseinandersetzungen herausgebildet haben – Letztere insbesondere aus Argwohn gegenüber allem, was aus Großbritannien kommt. Eine Fahrt durch Schottland bietet auch ausreichend Möglichkeiten, ohne größeren Aufwand eventuell auftretenden Sturmböen auszuweichen: Eine Vielzahl schottischer Binnenseen liegt so geschützt, dass atlantische Tiefs ihnen überhaupt nichts anhaben können. Wer sich für einen Segeltörn

# Whisky

Versucht man, einen Schotten mit dem Hinweis darauf zu provozieren, die Heimat des Whiskys sei Irland, wird er schulterzuckend entgegnen: »So what – schließlich heißt es Scotch, oder?« Whisky, hergestellt auf der Grundlage von gemälzter Gerste, kristallklarem Wasser sowie Torf (mit dessen Hilfe die Malzkörner getrocknet und geräuchert werden), darf sich in Schottland durchaus heimisch fühlen. Nach zwei oder drei Destillierungen und dreijähriger Lagerung in Eichenfässern (Kenner bevorzugen das Getränk nach 5, 8, 12, 15, 21 oder 25 Jahren Reifung) erhalten die schottischen Whiskys meistens das Etikett »pure malt« (aus Gerstenmaische), »single malt« (einfache Destillierung) oder »blended« (Mischung aus mehreren Whiskysorten). Vom Chivas (dem aristokratischsten) bis zum Campbell (dem meistverkauften), vom J. B. (dem jüngsten) bis zum Glenfiddich (dem bekanntesten), vom Laphroaig (dem »torfigsten«) bis zum Talisker (dem jodhaltigsten) tun sich beim berühmtesten Produkt, das Schottland zu bieten hat, unendliche Nuancen auf, denen man in etwa hundert Brennereien und noch viel mehr Pubs auf den Grund gehen kann.

nicht zuletzt eine Begegnung mit einer als knauserig und lokalpatriotisch geltenden Bevölkerung, die sich jedoch vor allem durch ihre Gastfreundschaft und ihre Liebe zur Heimat auszeichnet. Die bringt sie in einer harten Sprache zum Ausdruck, die sich nach und nach vom Oxford-Akzent entfernt hat. Die Schotten sind ein mit ihrer Geschichte bestens vertrautes Volk. Sie geben sich auf Anhieb als bereitwillige Hüter von Traditionen zu erkennen, die aus grauer Vorzeit zu stammen scheinen, und nehmen in dem Zusammenhang jede Gelegenheit zu einem Glas Bier oder Whisky gerne wahr!

In der Regel führt einen ein Segeltörn in Schottland entlang der Westküste von Süden nach Norden. Im Hinblick auf Segelaktivitäten ist die Clyde-Bucht, die erste große Einbuchtung im Süden, wegen der Nähe zu Glasgow die belebteste. Hier sind die Häfen nicht weiter als 20 Seemeilen voneinander entfernt; sie sind an Durchgangsverkehr gewöhnt, und zwar seit den Anfängen des Segelsports. Liebhaber alter Riggs werden Fairlie nicht auslassen, wo einige der schönsten Yachten entstanden sind, die jemals gebaut wurden, denn hier lebten und wirkten drei Generationen des Schiffskonstrukteurs William Fife. Neben dem gemeinsamen Vornamen zeichnen sich die Schiffsbauer dieser Familie durch ihr Talent aus. Der Hafen Tarbert ist ebenfalls ein Muss für alle Yachten, die gen Norden fahren.

Für die Weiterfahrt auf die andere Seite von Kintyre bieten sich zwei Möglichkeiten: Entweder man umfährt die Halbinsel, eine Strecke von 80 Seemeilen, die allerdings die Gefahr kräftiger Winde und – infolge des hohen Seegangs im Nordatlantik – starker Strömungen birgt. Oder man begibt sich auf den Crinan-Kanal und passiert inmitten einer von Tannen bestandenen Hügellandschaft auf einer Länge

nach Schottland entscheidet, folgt dem Ruf eines noch jungfräulichen und authentischen Fleckens innerhalb von Europa, der schon leicht jenseits industrieller Zivilisation steht, doch auch den eisigen Weiten des Hohen Nordens nicht zuzuordnen ist. Da die Grenze des Golfstroms entlang dem Hebridenarchipel verläuft, ist das Klima dort in der Tat relativ mild. Eine Fahrt nach Schottland bedeutet

von 8 Seemeilen nicht weniger als fünfzehn Schleusen. Unterhaltsames Detail: Die Schleusentore werden von den Benutzern selbst bedient, und nach 16.30 Uhr muss der Segelbetrieb eingestellt werden. Dann heißt es, den Weg zum nächsten Pub einschlagen!

Auf der anderen Seite des Kanals ist eine weitere, nicht unbedeutende taktische Entscheidung vonnöten: Rechter Hand beginnt eine reizvolle Fahrt, die – der natürlichen Spalte des Kaledonischen Kanals zwischen Oban und Inverness folgend – von der einen Seite Schottlands auf die andere führt. Diese durch starke tektonische Verschiebungen, Gletschererosionen und menschliche Eingriffe entstandene geografische Begrenzung schafft eine natürliche, sowohl kulturell als auch historisch relevante Grenze zwischen den Highlands im Norden und den Lowlands im Süden. Sie besteht aus einer Folge von Seen – darunter

**Unten:**
**Unzähligen Menschen wird man kaum begegnen bei einer Kreuzfahrt in Schottland; an romantischen Landschaften mangelt es dagegen nicht.**

dem berühmten Loch Ness –, die durch schiffbare Kanäle miteinander verbunden sind. Diese wurden bereits 1803 in einer Breite von 15 Metern und einer Tiefe von 4 Metern angelegt, sodass schon die damaligen Segelschiffe von der Nordsee zum Atlantik gelangen konnten. Auf den Seen kann man hervorragend segeln, doch empfiehlt sich ein solider Motor, und geübte Anlegemanöver sind in jedem Fall die Voraussetzung, wenn man die zahlreichen Schleusen auf der Strecke bewältigen will. Ein eher bukolischer denn homerischer Segelausflug, der jedoch einen ausgezeichneten Eindruck von der Seele Schottlands vermittelt, eines Landes, das sich seiner beiden weltweit berühmten Haupterrungenschaften – Golf und Whisky – als durchaus würdig erweist.

Eine andere Möglichkeit ist die Fahrt entlang der Küste in Richtung Norden auf einer schier endlosen Segelstrecke, die kaum mehr als

200 Seemeilen Luftlinie beträgt, jedoch bei einer Küstenlänge von annähernd 3000 Seemeilen! Entlang dieser zweiten »Tour« – wie Bergsteiger es nennen würden – hat man wiederum die Wahl zwischen der Fahrt auf offenem Meer um Inseln und Kaps herum und dem segeltechnisch aufwendigeren, versteckteren Weg zwischen Inseln und schottischem Festland, ungeachtet möglicherweise heftigerer Strömungen und weniger stabiler Windverhält-

nisse. Das gilt für die Fahrt entlang den Inseln Mull und Skye. Die Überfahrt in Richtung des Hebriden-Archipels beträgt etwa 30 Seemeilen, und was man dann vorfindet, könnte Ziel einer eigenen Kreuzfahrt sein: über eine Länge von 400 Kilometern Tausende von Inseln, der größte Archipel Europas. Vorbei an wahren Robbenkolonien und endlosen Herden langfelliger weißer Schafe mit schwarzem Kopf geht die Strecke von Eilan Dubh Mor über die

rendes Universum, in dem neben Überresten aus dem Neolithikum auch Spuren der Kelten und Wikinger zu finden sind. In dem Zusammenhang seien auch die Bucht Scapa Flow im Süden Mainlands erwähnt, die traurige Geschichte geschrieben hat, sowie die Ölfelder in der Nordsee, die den Ansiedlungen auf dem Archipel zu unverhofftem wirtschaftlichem Aufstieg verholfen haben. Auch die Orkney-Inseln sind ein Paradies für Tiere: Taucherhühner, Pinguine, Haubenkormorane, Sturmvögel, Basstölpel sind hier zu Hause. In den zahlreichen Lochs wimmelt es von Forellen, und in den Flüssen laichen alljährlich im Frühjahr die Lachsforellen. 45 Seemeilen nordöstlich von hier liegen die Shetland-Inseln, die man eigentlich eher dem geografisch näheren Norwegen zurechnen möchte. Sie sind noch um einiges unberührter, denn von den über hundert Inseln des Archipels sind nur achtzehn bewohnt; Schafe sind hier gegenüber dem Menschen eindeutig in der Überzahl; und trotz fehlender Hochgewächse, denen Sturm und Wind zu Leibe rücken, bieten die Inseln ein ideales Revier für Vögel jeder Art.

Fingal-Höhle nördlich von Iona nach Loch Moidart. Man kann sich berauschen an der Schönheit dieser einmaligen Landschaft, in der es kaum Menschen gibt und die Tierwelt ein so unberührtes Dasein führt.

Gelangt man schließlich in den äußersten Norden Schottlands, so liegt einige Dutzend Seemeilen vom Festland entfernt der Archipel der Orkney-Inseln, ein vor fünfzehntausend Jahren durch Gletscher geformtes, faszinie-

**Oban am Eingang zum Kaledonischen Kanal empfängt einen bei jeder Kreuzfahrt in Schottland mit den kräftigen Farben seiner Fassaden.**

Seit die Hälfte der britischen Erdölförderung über den Umschlaghafen Sullom Voe abgewickelt wird, hat sich der Lebensrhythmus auf den Shetland-Inseln verändert. Bislang haben sie von ihrer Authentizität indes nichts eingebüßt – in bester schottischer Manier.

# Nützliche Tipps

### Die ideale Segelzeit

Der Sommer (in Bezug auf Schottland vielleicht ein Euphemismus) von Juni bis August ist unumstritten die beste Saison, denn dann ist es täglich drei Stunden länger hell als zur gleichen Zeit zu Hause, und es herrscht mäßiger Wind. Allerdings ist, ganz im Gegensatz zum soliden schottischen Land, der Himmel unzuverlässig und wechselhaft. Es regnet so gut wie jeden Tag, doch ebenso oft lässt sich die Sonne blicken. Daher auch rührt das beeindruckende Licht, ein stetes Schwanken zwischen kräftiger Sonne, silbrigen Reflexen und mattem Schein. Pullover und Regenkleidung sind hier ständige Begleiter.

### Die Anreise

◆ Mit der Segelyacht: Von den Küsten Frankreichs aus ist man eine Woche lang unterwegs (700 Seemeilen), bevor man eines der beiden Kanalenden über die Irische See oder die Nordsee erreicht. Man kann auch vor Ort in Oban, Dunstaffnage oder weiter nördlich in Armadale auf der Insel Skye in der Hebridensee ein Schiff chartern; generell verlangen die Bootsverleiher entsprechende Segelscheinnachweise.
◆ Mit dem Flugzeug: Eine Stunde Flugzeit von Paris nach Edinburgh und Glasgow. Neben British Airways bieten zahlreiche kleinere lokale Fluggesellschaften wie Logan Air, British Midland, Dan Air, Air UK und Brymon Air Inlandsflüge an.

◆ Auf dem Landweg: Mit der Fähre quert man die Straße von Dover. Für die Strecke zwischen London und Edinburgh oder Glasgow muss man mit etwa acht Autostunden rechnen, von Paris aus also insgesamt mit dreizehn bis vierzehn Stunden.
◆ Mit dem Zug: Warum eigentlich nicht? Durch den Eurotunnel braucht der Zug von Paris aus vierzehn Stunden bis Glasgow.

### Notizen für das Logbuch

◆ Währung: Pfund Sterling (1 Pfund = 2,99 DM / 1,53 Euro).
◆ Zeitverschiebung: –1 Stunde, außer im Oktober, wenn die MEZ gilt.
◆ Scottish Tourist Board, 23 Ravelston Terrace, EH4 3EU, Edinburgh, Tel.: 31 332 24 33.
◆ Zur heimischen Küche gehören Gerichte wie *hagis* (gefüllter Schafs-

pansen), *kippers* (geräucherter Hering) und *arbroath smokies* (geräucherter Schellfisch). Die gängigsten Getränke sind Bier und Whisky.
◆ Jackett und Krawatte sind in manchen Yachtclubs und Restaurants vorgeschrieben.

### Empfehlenswert

◆ Das Dorf Inveraray an der Südküste der Halbinsel Kintyre; dort sind ein Schloss der schottischen Adelsfamilie Campbell sowie mehrere Museen zu besichtigen.
◆ Oban, der malerischste Hafen an der Küste der Highlands.
◆ Lock 16-Rooftop Seafood Restaurant in Crinan (Meeresfrüchte). Nur auf Reservierung.
◆ Das Lochbay Seafood Restaurant auf der Insel Skye; das Haus stammt aus dem Jahr 1740.
◆ Das Schloss Duvegan auf der Insel Skye.
◆ Die Meeresfauna der Äußeren Hebriden.

# Schweden

## Die Pracht des nordischen Sommers

Ein Segeltörn nach Schweden – ist das überhaupt möglich? Und ob! Schweden begnügt sich nicht nur mit seinem Ruf als exklusives Kreuzfahrtziel, sondern gehört auch zu den Ländern mit den meisten Freizeitbooten (im Schnitt kommt eines auf sieben Einwohner). Genau genommen nichts Außergewöhnliches in einem Land, das über einen hohen Lebensstandard verfügt und dessen Hauptstadt Stockholm am Wasser errichtet ist. In Schweden findet alljährlich auch das Gotland Race statt, bei dem über tausend Segelschiffe aus allen Klassen die gleichnamige, mitten in der Ostsee gelegene Insel umrunden und dessen Start und Zieleinlauf jeweils mit einem spektakulären Fest einhergeht. Schweden investiert weltweit in den Segelsport und war mit drei von zehn Schiffen beim letzten Whitbread Race durchaus angemessen vertreten; dabei handelt es sich um die alle vier Jahre stattfindende, berühmte Weltregatta mit mehrköpfiger Crew. Es ist der härteste Segelwettbewerb der Welt (kompletter Name: Whitbread Round the World Race) und die größte Herausforderung für Hochsee-Regattasegler; es wird künftig vom nicht minder berühmten schwedischen Autohersteller Volvo gesponsert. Schweden besteht zu 10 Prozent aus Wasser; das Land zählt nicht weniger als hundertfünfzigtausend Inseln und sechsundneunzig Seen. Auch wenn man hier nur vier Monate im Jahr segeln kann, nämlich von Mai bis August, so ist dies doch nicht umsonst die Heimat der berühmten Wikinger.

die durch Gletschererosion entstanden, bilden seit 1255, dem Gründungsjahr Stockholms, den wirksamsten Schutz gegen Überfälle. Noch heute weisen Seekarten vollkommen weiße Flecken aus, so dass es völlig unmöglich ist, in militärisch brisantes Gebiet vorzudringen. Und dennoch landete im Oktober 1981 ein sowjetisches Atom-U-Boot vom Typ Whisky sprichwörtlich *on the rocks,* zum großen Erstaunen der Schweden, für die seit langem der Grundsatz der Neutralität gilt. Wenn man im Stockholmer Archipel segeln will, so ist trotz der vorbildlich gewarteten Bebakung allerhöchste Konzentration gefragt. Jede Ablenkung und ein zu hohes Tempo sind hier unbedingt zu meiden, was aufgrund der meist leichten Brise auch machbar ist.

Man könnte den Archipel in drei Zonen einteilen. Die erste, unmittelbar bei Stockholm, besteht aus den größeren Inseln wie Ingarö, Värmdö und Ljusterö. Landwirtschaftliche Anbaugebiete und Waldflächen stehen in ausgewogenem Verhältnis. Wegen der relativ ge-

In Schweden wird also gesegelt. Und der Archipel von Stockholm ist sogar ein äußerst reizvolles Fahrtenziel voller Eigenarten, in dem es viel zu entdecken und zu bestaunen gibt. Zuallererst die Stadt Stockholm: An den Ufern eines Seeausflusses errichtet und mit seinem Hafen untrennbar verbunden, zeigt die Stadt auf vierzehn Inseln Lebensstil vom Feinsten. Stets proper, die Häuser sorgfältig gestrichen, bietet sie größtmögliche Sicherheit, und das inmitten einer wohl behüteten Natur. Manche Straßen münden direkt im Wald, Eichhörnchen hüpfen munter auf den Gartentischen der Restaurants herum, unweit der Oper wird in aufbereitetem Wasser Lachs geangelt, und die Fassaden leuchten in sämtlichen Tönen der Pastellpalette, die im Winter das trübe Wetter vertreiben.

Weniger als eine halbe Stunde von der Hauptstadt entfernt liegt Saltsjöbaden, ein hübscher Marktflecken am Wasser, wo die Prominenz im angrenzenden Wald noch eine Spur Anonymität genießt. Das Grandhotel, ein Herrenhaus aus dem 19. Jahrhundert, besitzt einen angenehmen Freizeithafen. Erst hier beginnt der wirkliche Archipel, der durch ein riesiges Labyrinth, den sogenannten »Irrgarten«, zur Ostsee führt. Achtzigtausend Klein- und Kleinstinseln,

**Die maritime Landschaft Schwedens ist ein Labyrinth aus Granit und mit Wald bestandenen, angenehm kühlen Inseln. Man segelt windgeschützt, und häufig macht man an einem Baum oder Dalben fest, statt vor Anker zu gehen.**

ringen Anzahl von Kanälen ist die Navigation einfacher, und der gewaltige Fährverkehr in der Ostsee lässt sich besser einschätzen.

Weiter östlich gelangt man in die zweite Zone, in der es noch mehr kleinere Inseln gibt, die dichter beieinander liegen, was nicht minder reizvoll ist. Eine wahre Märchenlandschaft mit grünen Inseln, deren Erscheinungsbild von den Birkenwäldern bestimmt ist. Besondere Vorsicht ist geboten, da man mit dem Rigg leicht die Äste beschädigt. Manche dieser Inseln sind unbewohnt, auf den meisten jedoch stehen ein oder zwei winzige Puppenhäuser, in kräftiger Farbe bemalt mit weiß abgesetzten Türen und Fenstern. Daneben befindet sich eine kleine Sauna, davor ein Steg, an dem das Boot festmacht, mit dem die Familie die Fahrten von und nach Stockholm zurücklegt. Die Boote unterscheiden sich meistens deutlich von denen, die man gemeinhin im Süden Europas sieht.

**Oben:**
**Stockholm (hier die Kais von Malarstrand) ist am Wasser errichtet. Nur selten hat man die Gelegenheit, die Hauptstadt eines Landes mit der Segelyacht zu besichtigen ...**

**Seite 32:**
**Smögen in der Nähe von Göteborg ist einer der typischen Orte für einen Zwischenstopp bei Kreuzfahrten in Schweden.**

Das Holz ist in der Regel lackiert, der Achtersteven als Spitzgattheck geformt (spitz zulaufend wie ein Vorsteven), und die kleinen Boote, die sich mühelos durch die Kanäle schlängeln, sind hübsch eingerichtet. Am besten sucht man sich hier eine unbewohnte Insel und geht vor Anker. Die übliche Technik besteht darin, mit dem Heck zur Insel an einem Baum festzumachen; so wird das Aussteigen erleichtert, die Steuerfähigkeit bleibt erhalten.

In der letzten Zone des Archipels, die unberührter und weniger bewaldet ist, sind die Granitfelsen zu Hause, auf denen hier und da eine bunt bemalte Hütte emporragt, ein Unterschlupf für Fischer oder Freizeitsegler, wenn das Wetter schlecht ist. Hier findet man hervorragende natürliche Häfen vor, die Schutz vor allen Widrigkeiten bieten, entlegen, aber dennoch lebendig, denn oft kommt ein Schiff vorbei. Als Zwischenstopp eignet sich Sand-

hamn, der vornehme Treffpunkt für Schwedens Segelsportler, wo der KSSS, der angesehenste Yachtclub des Königreichs, seinen Sitz hat. Sandhamn veranstaltet regelmäßig bedeutende internationale Segelrennen für Jollen wie Fahrtenyachten. Die örtlichen Bars sind berühmt für ihre ausgefallenen Alkoven, gebaut aus Schiffsrumpfteilen, die hochkant in der Wand verankert sind.

Der Stockholmer Archipel ist das meistbesuchte Ziel, doch bietet die Westküste Schwedens mit Göteborg als Ausgangsort ein vergleichbares Segelterrain. Auch hier kreuzt man in einem Inselwirrwarr, doch führt der Weg unweigerlich zu dem Badeort Marstrand. Die Stimmung ist einmalig, vor allem beim Swedish Match, bei dem sich die weltweit besten Steuermänner ein Match-Race (Zweikampf-Rennen) liefern. Dicht auf den umliegenden Felsen gedrängt verfolgen fünftausend Zuschauer die

**Die Pflege ihrer Häuser und der Respekt vor der Natur gelten den Schweden viel, und bei der Gestaltung ihrer Boote sind sie in puncto Abwechslungsreichtum ähnlich konsequent, wie beispielsweise die Vielfalt der verwendeten Hölzer zeigt.**

Wettfahrt, ein auf der Welt unerreichter Publikumserfolg. Weiter nördlich schließen sich weitere Inseln, Kanäle und Inselchen an, bis hin nach Norwegen mit seinen gigantischen Fjorden sowie, ganz im Norden, Spitzbergen. Doch bis man hier angekommen ist, ist der August höchstwahrscheinlich schon vorbei und die Zeit gekommen, da man seine Yacht mit dem auf Hochglanz gebrachten Schneemobil tauscht ...

# Nützliche Tipps

### Die ideale Segelzeit

Für einen Segeltörn in Schweden kommen eigentlich nur die Monate Juni, Juli und August in Frage. Mitten im Sommer ist es in aller Regel schön und sogar warm, und wenn es ein Tief doch so weit in den Norden schafft, zieht es meistens schnell vorüber. Sprühregen ist allerdings relativ häufig, doch ebenfalls schnell wieder vorbei. Alles in allem ist die Wetterlage ähnlich wie in der Bretagne im Sommer, jedoch nicht so feucht. Keine Zeitverschiebung, aber lange Tage, an denen es im Durchschnitt drei Stunden länger hell ist als zur selben Zeit zu Hause.

### Die Anreise

◆ Mit der Segelyacht: Für das Chartern von Segel- oder Motorschiffen gibt es in Schweden vielfältige Möglichkeiten, denn Urlaub auf dem Boot ist gang und gäbe. Die am meisten frequentierten Starthäfen sind Saltsjöbaden, Bullandö, 20 Seemeilen östlich von Stockholm, Värmdö und natürlich Stockholm selbst. Der Stockholmer Archipel ist so groß wie die Ile-de-France, doch hat Schweden insgesamt 7500 km Küste.
◆ Mit dem Flugzeug: Stockholm liegt 2 h 30, Göteborg 2 h von Paris. Mehrmals täglich gibt es Linienflüge mit der Air France und SAS.

### Notizen für das Logbuch

◆ Währung: Schwedische Krone (10 Kronen = 2,33 DM/1,19 Euro).
◆ Man sollte sich unbedingt für eine Yacht mit solidem Motor entscheiden.

Es gibt weder Gezeiten noch Strömungen, aber die Geschwindigkeit ist häufig begrenzt.
◆ Vor Fahrtenbeginn sollte man sich vor Ort einen der üblichen Atlanten besorgen, in denen das Segelgebiet sehr übersichtlich in mehrere aufeinander folgende Karten aufgeteilt ist.
◆ Stockholm Information Center – Tel.: 789 20 00.

### Empfehlenswert

◆ Das vom Anfang des Jahrhunderts stammende Hotel Diplomat in Stockholm, direkt am Wasser gelegen.
◆ Sandhamn und der KSSS.
◆ Die Jachtklubben, die jährlich Ende August stattfindende Regatta Stockholm – Sandhamn.
◆ Anlässlich des Swedish Match der kleine, im Süden gelegene Hafen Morstrand.

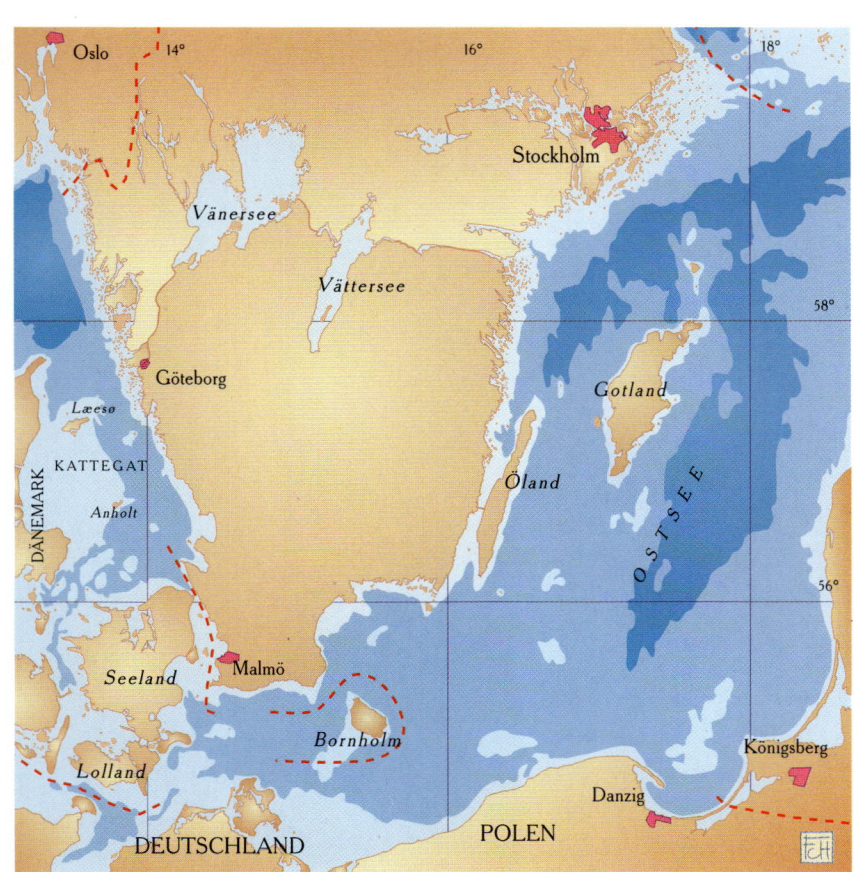

# Die Nordbretagne
## Die Kapriolen der Meeresströmungen

Die Mer d'Iroise und der Teil des Ärmelkanals, der die Nordbretagne umgibt, sind für das Fahrtensegeln, was das Mont-Blanc-Massiv für das Bergsteigen ist: ein Paradies, das neben den technischen Herausforderungen viel Abwechslung bietet, leicht zugänglich ist, zuweilen jedoch schwer zu beherrschen, da sich die Naturgewalten hier in heftigster und ursprünglichster Weise äußern. Und bei schlechtem Wetter gilt nun einmal: Es ist besser, im Trocknen in einer Hütte zu sitzen als irgendwo am ungeschützten Hang zu kraxeln!

Zum Segeln in dieser Gegend ist mehr Zurückhaltung erforderlich als für eine simple Fahrt auf dem Mittelmeer. Wenn man nicht zuvor eingehend Gezeiten, Strömungskarten, das Barometer und den Himmel studiert und aufmerksam die Wetterberichte verfolgt hat, braucht man die Leinen gar nicht loszumachen. Es ist ausgeschlossen, auf gut Glück aufzubrechen in dem Glauben, man müsse nur die Küste entlangfahren; denn infolge von Ebbe und Flut hat das Wasser Untiefen, und es gibt eine Unzahl von Klippen und Felsvorsprüngen. Wer sich über diese Einschränkungen im Klaren ist und sie vielleicht sogar auf mehreren Fahrten durch die Nordbretagne verinnerlicht hat, wird

**Linke Seite und oben: Ob man sich bei Ploumanach seinen Weg zwischen den Gesteinsblöcken hindurch bahnt oder am Leuchtturm von Héaux de Bréhat einen kurzen Zwischenstopp einlegt: Eine Fahrt durch die Nordbretagne ist ein Genuss für Liebhaber starker Eindrücke. Dem Wesen maritimer Landschaften scheint man hier ganz nah zu sein.**

diese Gegend als Segelrevier mit ungeahnten Möglichkeiten schätzen, ein Revier, dessen verschiedene Häfen, Ankerplätze, Buchten und Abers (kleine Fjorde) lohnenswerte Ziele sind. Ob man in Brest oder in Saint-Malo aufbricht, man darf gewiss sein, dass man im Licht eines stets wechselnden Himmels außerordentliche Landschaften entdecken wird. Die Nordbretagne ist eine Spur rauer als ihre Schwester im Süden und folglich vom Massentourismus eher verschont. Geschützte Inseln sind hier seltener, und die Küste ist weniger besiedelt.

Gleich beim Start in Brest ist man mit einer nicht zu unterschätzenden Größe konfrontiert: der Geschichte nämlich. Die berühmte Förde passiert man nicht, ohne sich der ungeheuren strategischen Bedeutung dieser Reede bewusst zu werden, die heftige Kämpfe erlebt hat und für die Landesverteidigung noch immer von Bedeutung ist. Hier wurden die meisten Schiffe der königlichen Marine gebaut, hier nahmen

die großen Expeditionen ihren Anfang, und hier wurden im letzten Weltkrieg deutsche U-Boote unter Beschuss genommen. Stolz pflegt das neue Brest, das größtenteils wieder aufgebaut wurde, die uneinnehmbaren Befestigungen Vaubans. Im Arsenal von Brest wird der Fluzeugträger der Zukunft gebaut, die *Charles de Gaulle,* und auf der anderen Seite der Reede, zur Insel Longue hin, sind die U-Boote der französischen Atomstreitmacht stationiert, unweit der Marineschule von Lanvéoc-Poulmic, die künftige Marineoffiziere ausbildet.

In einer solchen Umgebung bleiben die Traditionen lebendig. Brest besitzt neben Paris das schönste Marinemuseum Frankreichs. In Brest wurde die Replik der *Recouvrance* gebaut, und hier findet alle vier Jahre das größte Treffen traditioneller Marineschiffe statt, initiiert von der Zeitschrift *Le Chasse-Marée,* die in unmittelbarer Nähe in der Bucht von Douarnenez ihren Sitz hat.

Die Brester Reede ist auch Ausgangspunkt zu einer der gemächlichsten Fahrten in der Nordbretagne überhaupt, eventuell mit einem Abstecher in die hügelige Landschaft beiderseits des Flusses Aulne. In Brest, im Hafen des Moulin-Blanc, der nach Trinité-sur-Mer der

**Oben:**
**Beim »Fest des**
**Matrosengesangs«**
**in Paimpol.**

größte in der Bretagne ist, wird man möglicherweise auch Olivier de Kersauson in seinem Restaurant Le Tour du Monde begegnen, in dessen unmittelbarer Nähe sein großer Trimaran ankert. In Brest nimmt man Abschied von der urbanen Zivilisation. Denn jenseits der Bucht könnte man mit ernsthaften Schwierigkeiten konfrontiert werden ...

Die Mer d'Iroise bietet die größte Ansammlung schroffer Felsen, unsteter Strömungen und unterschiedlichster Leuchttürme. Die Fahrt durch den Raz de Sein oder den Chenal du Four – unbedingt und ausschließlich nur bei Hochwasserstillstand oder günstiger Tide zu empfehlen – vermittelt immer den Eindruck, dass der Mensch überflüssig ist in dieser gigantischen Landschaft, die schon beim kleinsten Wetterumschwung überaus ungemütlich wird. Dabei kann es hier so schön sein ... Sobald sich ein Hoch ankündigt, wird man also versuchen, in der Bucht von Lampaul und in Ouessant vor

Anker zu gehen, einmal im Außenhafen der Ile de Sein aufzulaufen und kurz in Molène Halt zu machen, um auf diese Weise zu erfahren, wie

mächtig die Elemente an diesem faszinierenden Flecken mitten im Ozean sind, und wie prekär die Präsenz des Menschen ist.

Es empfiehlt sich, die Gelegenheit zu einem schnellen Abstecher nach Norden zu nutzen, wo sich schon bald die erstaunlichsten Fjorde der Aber-Region auftun. Hier wechselt die Landschaft. Nicht dass sie leichter zugänglich

*Unten:*
**Eine dichte Bebakung ist hier besonders wichtig. Bei Flut ist angesichts der vielen überspülten Felsen höchste Vorsicht geboten ...**

wäre, insbesondere bei Nordwest-Wind, doch immerhin ist man hier vor den Südwinden geschützt. Hat man den Aber Wrac'h erreicht, ist – wenn nicht ein missratenes Landemanöver bei Ebbe dazwischenkommt – das Schlimmste fast überstanden.

Was für die Südbretagne gilt, gilt auch hier: Diese Küste sollte im Wechsel mit den nahe gelegenen Inseln, Rias und Flüssen im Rhythmus von Wind und Gezeiten erkundet werden. Die Inseln sind eher klein, sie bestehen größtenteils aus Granit und sind häufig entsprechend kahl, und manchmal ragt auf ihnen ein Leuchtturm, ein Haus oder beides empor, wie beispielsweise auf Louët mitten in der Bucht von Morlaix. Manche Inseln sind eher groß wie Bréhat oder Batz, die zwar beide schwierig anzusteuern sind, für Profis der Zwölftelregel, offener Ankerplätze und des Auflaufens jedoch Überraschungen bereithalten wie Hortensien, Erika, Mauern aus rohem Stein, halb in den Boden

versenkte, windgeschützte Häuschen und in der Bar um die Ecke den Tresen und gedeckte Tische, auf denen man von den unterschiedlichsten Meeresfrüchten im Überfluss findet. Gegenden, in denen die Zivilisation des Automobils noch nicht Einzug gehalten hat, Inseln, die von den Felsvorsprüngen geschützt sind, die die Felsplatten und die manchmal heftigen Strömungen vor einem allzu großen Andrang von Segelsportfreunden bewahren. Das Paradies hat seinen Preis!

Der Zugang zum Festland gestaltet sich duchweg etwas leichter. Für einen Abstecher nach Conquet oder in den Aber Benoît, wo noch der Westwind pfeift, benötigt man beständig schönes Wetter. Der Aber Wrac'h hingegen ist, wenn man die Gefahren der Jungfraueninsel einmal hinter sich gelassen hat, ein mustergültiges Segelziel, ein echter Fjord, ein schöner, windgeschützter Flecken, der zu einem Dorf führt, in dem Gastfreundschaft ganz groß geschrieben wird. Die Bucht von Morlaix liegt noch ein wenig offener; ist man in der Nordbretagne unterwegs, so sollte man hier unbedingt flussaufwärts segeln bis in das Flutbecken jenseits der Schleuse. Dort lässt man sich zwischen Laternenhäusern und steilen Gässchen, Brasserien (in denen man das

In den Gassen der Freibeuterstadt Saint-Malo *(oben)* wird man kulinarisch ebenso auf seine Kosten kommen wie entlang dem Fluss Loguivy *(unten und rechts)*.

selbst gebraute Bier kosten kann) und Durchgängen in eine Zeit entführen, da die vor Ort und im Umland gefertigten Leinensegel verschifft und an Riggs in ganz Europa getakelt wurden. In der Nordbretagne gibt es noch weitere Flüsse, die ebenfalls ein schöner Liegeplatz sind, wenn Wind und Meer über die Stränge schlagen: den Dossen und die Penzé, den Léguer, der die Bucht von Lannion ins Landesinnere verlängert, den Jaudy, der nach Tréguier führt, oder den Trieux, der in Loguivy beginnt. Keinesfalls versäumen sollte man auch Perros-Guirrec, ein weiterers Labyrinth aus Granitgestein, bevor man am Fuße der eindrucksvollen Steilküste vom Cap Fréhel in Richtung Saint-Malo weiterfährt. Die Freibeuterstadt hat sich ihre Aura bewahrt und ist nach wie vor das lebendigste und berühmteste Zentrum der Nordbretagne. Chausey und sein *sound* sind nicht weit weg, auch die englischen Kanalinseln, die natürlich allesamt auch lohnende Segelziele sind. Von Saint-Malo aus fährt man die Rance hinauf oder in Richtung Irland, zu den Scilly-Inseln, nach England oder Schottland, und alle vier Jahre beim Start der Route du Rhum atmet man hier noch einmal kräftig durch. Und in der Bar de L'Univers in der Innenstadt von Saint-Malo kann man sich inmitten vieler spektakulärer Aufnahmen schöner Yachten allmählich darüber klar werden, wie lebendig das Meer hier doch ist – mehr als anderswo.

# Nützliche Tipps

### Die ideale Segelzeit

Mai, Juni und Juli sind die günstigsten Monate. Auch der August kommt noch in Frage, ist allerdings für häufige Gewitter bekannt, und im September zieht verstärkt Nebel auf. Bei Überlegungen über den richtigen Zeitpunkt sollte man sich zudem für Nipphochwasser entscheiden (die Zeit der geringsten Hochwasserhöhe), um den ohnehin merklichen Einschränkungen wegen der Gezeiten in dieser Gegend nicht ganz so ausgesetzt zu sein.

### Die Anreise

◆ Mit der Segelyacht: Brest und Saint-Malo sind die überzeugendsten und bequemsten Start- und Zielhäfen. Da es nur wenige Häfen gibt, die über Kartennull liegen, ist ein Katamaran möglicherweise eine interessante Lösung; er ist ideal beim Trockenfallen, liegt stabil in der Muring und hat geringen Tiefgang.
◆ Mit dem Zug: Sämtliche Küstenstädte zwischen Brest und Saint-Malo werden angefahren.
◆ Mit dem Flugzeug: Flughäfen gibt es in Brest, Lannion und Rennes.
◆ Auf dem Landweg: Schnellstraßenverbindung von Nantes, Rennes und Saint-Malo in Richtung Brest.

### Notizen für das Logbuch

◆ Wetterzone: Westbretagne und Ärmelkanal West.
◆ Währung: Französischer Franc (10 Franc = 2,98 DM / 1,52 Euro)
◆ Mittlerer Tidenhub: In Brest zwischen 2,8 m und 5,9 m; in Saint-Malo zwischen 4,9 m und 10,6 m. In der Bucht vom Mont Saint-Michel bis zu 14 m.
◆ Die Pointe du Raz hielt 1996 den Rekord an Sturmböen mit mehrminütigen Windstößen über 97 Knoten …
◆ Der Leuchtturm von Créac'h (Ouessant) ist mit einer Reichweite von 34 Seemeilen der stärkste in ganz Frankreich; der höchste befindet sich auf der Ile Vierge (82,50 m), und am weitesten von der Küste entfernt liegt der Leuchtturm in Roches-Douvres, 35 km vor der Armor-Küste.
◆ Die drei bretonischen Départements stellen mit insgesamt 1990 Baken 25% der Gesamtbebakung an französischen Küsten, Überseegebiete inbegriffen.

### Empfehlenswert

◆ Das Hôtel La Duchesse Anne in Lampaul (Ouessant) wegen der Besichtigung des Musée des Phares et Balises (Leuchtturm- und Bakenmuseum).

◆ Der Aber Wrac'h, Perros-Guirrec, die Rance, die Ile de Batz.
◆ Brest und Douarnenez anlässlich der Segeltreffen klassischer Yachten.
◆ Die SNBSM, der Club von Saint-Malo.
◆ Saint-Malo beim Start der Route du Rhum alle vier Jahre.

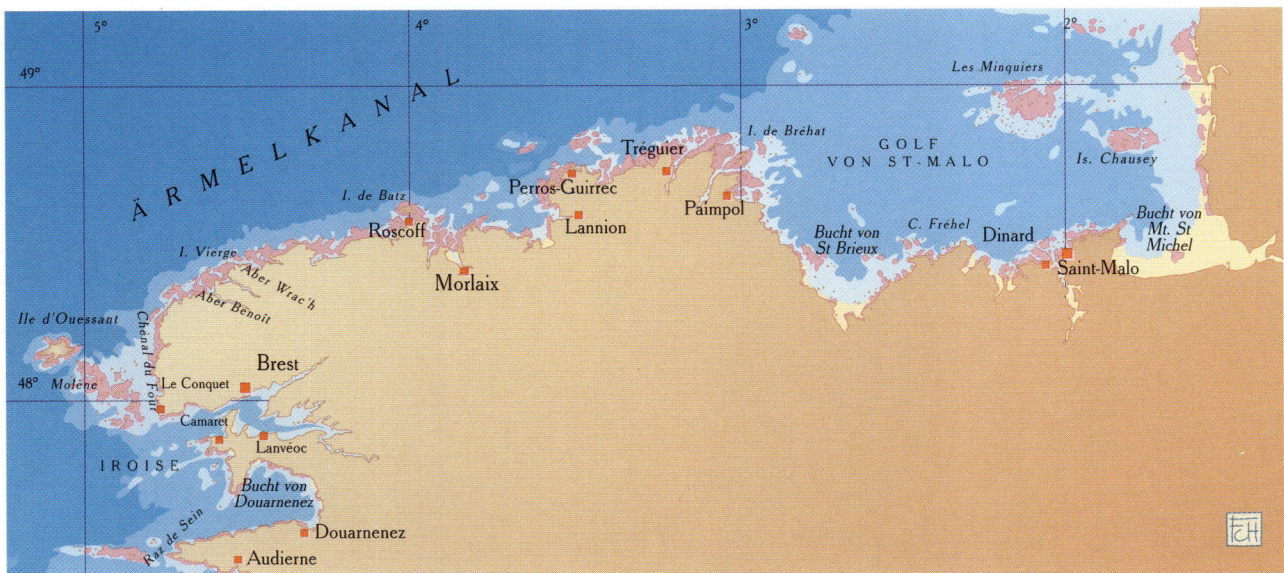

# Die Südbretagne
## Tempel der Inseln

D as Labyrinth aus Inseln, Flüssen, Meeres-buchten und Häfen jeder Größe, das von der Pointe de Penmarch bis zur Mündung der Loire reicht, ist eines der phantastischsten Se-gelreviere, die es überhaupt gibt. Meist wölbt ein kräftiger Wind die Segel, und infolge der Strömungen kommt für den Steuermann keine Langeweile auf, denn die Gefahren, die, so-weit möglich, gekennzeichnet sind, verlangen höchste Wachsamkeit. Unberührte Archipele wechseln mit sehr lebendigen Häfen, die relativ dicht beieinander liegen. Die Südbretagne ver-fügt über eine herrliche Landschaft, die durch eine behutsame Urbanisierung intakt geblieben ist. Man steht vor einer schier unermesslichen Auswahl: Eintages-Ausflüge oder gewagtere Touren, Fahrten von Insel zu Insel oder Abste-cher in sichere Binnenreviere. Mild und warm im Sommer, wenn Antizyklonen ihre Isobaren ziehen, feucht und zuweilen stürmisch im Winter, wenn die meist kräftigen Tiefdruckge-biete vorherrschen – die Bandbreite der Wind- und Wasserverhältnisse in der Bretagne ist das ganze Jahr über beachtlich.

In dieser Segellandschaft par excellence kann sich der Aufbruch vielfältig gestalten. Trinité-sur-Mer vereint sämtliche Trümpfe eines Start-hafens, was jedoch ebenso auf Bénodet, Con-

*An der Grenze zwischen der Nord- und Süd-bretagne liegt das Hafenmuseum von Port-Rhu (linke Seite) in Douarnenez; es bildet ein Zentrum jener Bewegung, die den Begriff des maritimen Erbes an sämtlichen Küsten Frankreichs wieder mit Leben erfüllt hat.*

carneau und Lorient zutrifft. Die weiter südlich gelegenen Häfen wie Le Crouesty, Pornichet, Le Pouliguen oder Le Croisic, in deren Mitte der Badeort La Baule liegt, werden den Ansprüchen in ähnlicher Weise gerecht. Die technischen Se-gelsporteinrichtungen sind in den Häfen der Südbretagne sehr vollständig sowie in gutem Zustand und werden von einem in der Regel höchst motivierten und kompetenten Personal hervorragend gewartet. Der besondere Reiz dieser Seeregion besteht jedoch in der Perspek-tive auf eine Vielzahl verschiedener Fahrten-möglichkeiten.

Als gewissermaßen natürliche Anlaufstelle mit jeweils unterschiedlichem Schwierigkeitsgrad kommt den Inseln eine besondere Bedeutung zu. Innerhalb eines Tages erreicht man von Lorient aus die Ile de Groix, die vermutlich die meiste Abwechslung bietet und wegen der Fischereitätigkeit der Inselbevölkerung zudem von besonderem Interesse ist. Doch weiß das

## Die Schule von Pont-Aven

1886 gelangte Paul Gauguin auf der Suche nach irgendeinem »Kaff«, wo er billig leben könnte, nach Pont-Aven. Überrascht stieß er dort auf eine Gruppe von größtenteils amerikanischen Künstlern, die den pittoresken Ort seit etwa zwanzig Jahren immer wieder aufsuchten. Der aus Boston stammende Maler Henry Bacon war als erster dem Charme des unberührten kleinen Dorfes erlegen, das tausendfünfhundert Einwohner zählte. Mit seiner starken Persönlichkeit scharte Gauguin eine Gruppe von Künstlern um sich, die den Synthetismus hervorbrachte, gemeinhin als erste Etappe der modernen Kunst betrachtet. Die wichtigsten Vertreter dieser Bewegung waren Emile Bernard, Jacob Meyer de Haan, Paul Sérusier und Charles Filiger. Unter den Werken Gauguins sind so bedeutende Gemälde wie *Die schöne Angèle, Der gelbe Christus* und *Ernte in der Bretagne* in Pont-Aven oder dem benachbarten Dorf Le Pouldu entstanden. Das Motiv der typischen Landschaft um Pont-Aven ist seither von den verschiedensten Künstlern aufgegriffen worden.

sich durch eine sanftere Hügellandschaft aus und vermitteln dank ihrer geschützteren Lage und ihrer lang gestreckten weißen Strände mediterranes Flair. Ein Törn von Bénodet oder Concarneau zum Archipel von Glénan setzt dagegen genauere Kenntnisse auf dem Gebiet der Navigation, über Strömungen, die Ermittlung der Gezeiten und das freie Fahren in einem regelrechten Minenfeld voraus, auch wenn Letzteres gut gekennzeichnet ist. Diese Inselgruppe, die kaum aus dem Wasser ragt, sieht je nach Stand von Ebbe und Flut immer unterschiedlich aus. Es kommt nicht von ungefähr, wenn die berühmteste Segelschule der Gegend, in der Generationen von Navigatoren ihre Ausbildung erhielten, nach ihr benannt wurde. Ein magischer, sehr ursprünglicher Ort voller Überraschungen mit seinem klaren Gewässer und dem an Tagen mit blauem Himmel an tropische Lagunen erinnernden Meeresgrund. Einer märchenartigen Festung gleicht die Belle-Ile mit ihren winzigen Häfen Le Palais oder Sauzon, die man unbedingt außerhalb der Saison besuchen sollte. Im Westen ragen schroffe Felswände empor, gleich Schutzwällen gegen die wilde Kraft der atlantischen Dünung. Hier und da hat die Natur regelrechte Liebesnester in diese riesige Steinmasse geschlagen wie die

Eiland seine Schönheiten durch rare Plätze in den Häfen von Port-Tudy oder Locmaria durchaus zu behüten. Ein vergleichbarer Tagestörn, den man auch mit einem Stopp an einem offenen Liegeplatz verbinden kann, ist die Fahrt von Trinité, Quiberon oder Le Crouesty zu den Inseln Houat und Hoëdic. Diese beiden Schwestern, die die Bucht von Quiberon nach Süden hin begrenzen, zeichnen

Ankerplätze von Sterr Wen, Port-Goulphar oder Port-Maria.

Und dann wäre da noch der Golf von Morbihan. Allein dieses Binnenmeer, das sich zweimal pro Tag mit beeindruckender Wucht füllt und wieder leert, ist einen längeren Aufenthalt wert. Die Einfahrt auf der anderen Seite von Port-Navalo ist aufregend – die Strömung kann bei hohem Seegang 6 Knoten betragen – und muss bei Gezeitenstillstand oder Flut erfolgen. Dank der dichten, einwandfreien Bebakung im Inneren kann man sich ohne weiteres einen sicheren Weg bahnen. Wahre Glanzpunkte unter den vielen möglichen Zwischenstopps oder Ankerplätzen sind die Ile au Moine und die Ile d'Arz, doch gibt es etliche weitere kleine Inseln, Buchten und versteckte Winkel, die allein schon wegen der herrlichen Landschaft zu einem Halt einladen.

Nicht-Eingeweihte denken immer, die Schönheit der Bretagne liege einzig und allein in dem Kräfteverhältnis zwischen Land und Meer, doch das ist nur ein Trumpf unter vielen. Gerade in

*Vorhergehende Seiten:*
**Der Hafen von Sauzon und der Ankerplatz von Arzon.**

der Südbretagne sollte man das offene Meer, so oft sich die Gelegenheit bietet, hinter sich lassen und auf den Flüssen (immer mit der Strömung) die zahlreichen verborgenen und atemberaubenden landschaftlichen Schätze erkunden. Dabei mag man hinter einer Windung mitten im Wald auf ein verborgenes Schloss stoßen, auf eine alte Mühle oder ein Dorf, zum Schutz gegen die heftigen Westwinde dicht an einen Hügel geschmiegt, das aus einer anderen Zeit zu stammen scheint. Ein solcher Fluss ist der Odet, auf dem man auf den Spuren Gauguins in jenes Licht eintauchen kann, das noch immer den Reiz der Maler von Pont-Aven ausmacht. Oder die Auray, die zu dem winzigen Dorf mit der Kapelle Saint-Anne führt, in der sich einige der schönsten Votivtafeln der Bretagne befinden. Bei wirklich gutem Wetter sollte man es sich auch nicht entgehen lassen, den Etel an der heiklen Grenze zur gleichnamigen Bucht zu verlassen und sich einen Eindruck von der einst riesigen Flotte der Tunfischkutter zu verschaffen. 1934 waren es

eine Reise wert! Liebhaber traditioneller alter Yachten werden sich an ruhigere Orte begeben, um beispielsweise Éric Tabarlys *Pen Duick* zu bewundern, die sorgfältig vertäut irgendwo auf dem Odet liegt. Denn die Südbretagne ist nicht nur ein hervorragendes Segelgebiet, sondern auch und vor allem die Heimat der Seeleute. Derer, die bei etlichen Rennen zu Berühmtheit gelangten und in der Mehrzahl an dieser Küste zu Hause sind, aber auch derer, die etwas zurückgezogener seit jeher dort leben und arbeiten. Unabhängig von den Launen des Ozeans oder den Jahreszeiten sind überall auf dem Meer, in den Häfen und an Land Hochseefischer oder Austernzüchter unterwegs, die die Lebendigkeit dieser Gegend ausmachen. Einige Wagemutige machen sich auch heute noch zu einer größeren Fahrt auf, doch ihre Zahl wird kleiner. Ähnlich verhält es sich mit denen, die mehrmals am Tag hinausfahren, um ihre Netze auszuwerfen und einzuholen, trotz des enormen Sportsegelbetriebs, der in den Häfen immer mehr Platz für sich beansprucht. Rings herum eine Welt aus Fischmärkten, Konservenindustrien, Fischfabriken und Austernparks. Die Bretagne ist lebendig, sehr lebendig sogar, und das in einer ausgesprochen intakten Umwelt. Es ist an uns, diese zu bewahren.

noch zweihundert an der Zahl, und sie belieferten zwölf Konservenfabriken; übrig geblieben sind heute lediglich beeindruckende Marinefriedhöfe, die bei Ebbe einen fantastisch anmutenden Dekor abgeben. Überall in der Südbretagne gibt es Stellen, an denen man das Boot am besten einmal stehen lässt, um zu Fuß eine Crêperie aufzusuchen oder Meeresfrüchte zu probieren oder sich auf einem Golfplatz die Beine zu vertreten.

Sehr eindrucksvoll ist auch ein Besuch von Trinité-sur-Mer, von wo man eventuell einen Blick auf die derzeit berühmtesten Mehrrumpf-Rennboote hat. Mit ein bisschen Glück lassen sich in einer Gischtwolke vielleicht die *Primagaz* von Laurent Bourgnon oder die *Fujicolor* von Loïc Peyron beim Training in der Bucht von Quiberon ausmachen. Wirkliche Anhänger werden eines Tages sicherlich auch einmal leibhaftig einer Regatta beiwohnen, beispielsweise dem an Ostern stattfindenden, landesweit größten Seglertreffen Spi Ouest-France. Fünfhundert Schiffe auf dem Wasser – das ist

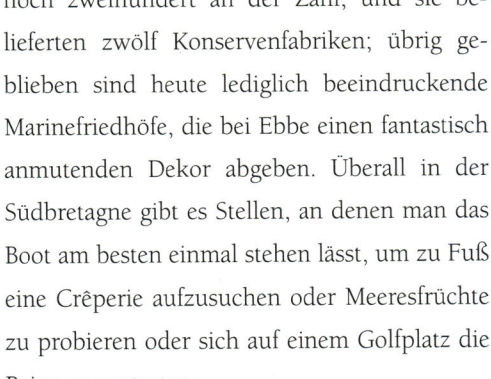

# Nützliche Tipps

### Die ideale Segelzeit

Besonders angenehm ist die Bretagne von Mai bis September. Doch auch dann steht sie unter dem Einfluss atlantischer Luftdruckgebiete. Deshalb ist ein wirksamer Wetterschutz bei Fahrten seewärts nötig, denn die Stürme, die zuweilen beim plötzlichen Durchzug eines Tiefs an der Pointe de Bretagne oder den Kanalinseln auftreten, können sehr heftig ausfallen und einen Seegang hervorrufen, der Sportsegelschiffe unter Umständen in Schwierigkeiten bringt.

### Die Anreise

◆ Mit der Segelyacht: Bei der Wahl des Zielhafens herrscht die Qual der Wahl. Überall gibt es Niederlassungen der Charterunternehmen; die technischen Einrichtungen sind in der Regel zahlreich vorhanden und gut gewartet. Immer häufiger sieht man Mehrrumpfboote, die sich für die vielen offenen Liegeplätze ausgezeichnet eignen, in den kleineren Häfen jedoch nach wie vor schwer zu ankern sind. Unbedingt beachten sollte man, dass man für Fahrten flussaufwärts oder gegen den Strom einen robusten Motor benötigt.

◆ Mit dem Zug: Auf der Strecke Paris – Brest werden die meisten Küstenhäfen wie Vannes (Golf von Morbihan), Auray (Trinité-sur-Mer), Lorient, Concarneau oder Quimper angefahren.

◆ Mit dem Flugzeug: Flughäfen in Nantes, Lorient, Quimper und Brest mit direkter Verbindung nach Paris, den größten Provinzstädten und einigen ausländischen Hauptstädten.

◆ Auf dem Landweg: Das flexibelste Verkehrsmittel, doch sind die Straßen sehr stark befahren.

### Notizen für das Logbuch

◆ Wetterzone: Westbretagne und Nordgascogne. Anrufbeantworter: 08 36 68 08 56 (Morbihan); 08 36 68 08 44 (Loire); 08 36 68 08 29 (Finistère).

◆ Währung: Französischer Franc (10 Franc = 2,98 DM / 1,52 Euro)

◆ Mittlerer Tidenhub: In Port-Tudy (Ile de Groix) zwischen 2,0 m und 4,2 m; in Port-Navalo (Einfahrt zum Golf von Morbihan) zwischen 1,9 m und 4,2 m.

### Empfehlenswert

◆ Les Chandelles, der Nachtclub der Seeleute in Carnac-Plage.

◆ Chez Pierre, Yachtclub-Ambiente mit Blick auf den Hafen in Trinité-sur-Mer.

◆ Guinness bei Tibeudeff in Port-Tudy.

◆ Den Spi Ouest-France in Trinité-sur-Mer am Osterwochenende.

◆ In La Chambre zwischen Drenec und Saint-Nicolas (Iles de Glénan) vor Anker und auf ein Gläschen zu Castric gehen. Und im Anschluss daran natürlich ein Hummergericht!

◆ Flussaufwärts auf dem Odet bis Pont-Aven und auf der Auray bis Bono.

◆ Chez Jacky in Port-Belon im gleichnamigen Fluss, wo Riesenaustern serviert werden.

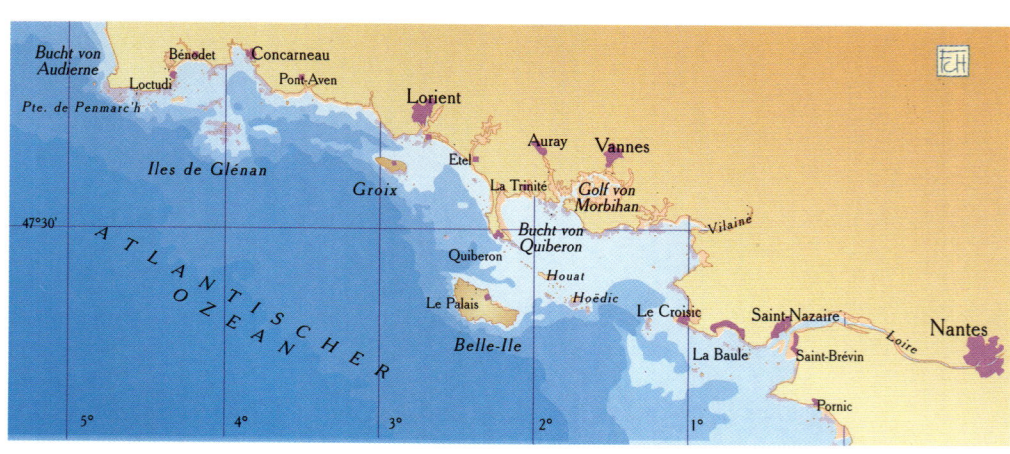

# La Rochelle und die französischen Atlantikinseln

## Hauptstadt des Segelsports

**Die Türme in der Hafeneinfahrt sind das Wahrzeichen von La Rochelle. Die französische Hauptstadt des Freizeitsegelns, die historisch viel zu bieten hat, ist ein ebenso lebendiger wie angenehmer Zwischenstopp.**

La Rochelle ist ein idealer Starthafen. Der Wirtschaftsaufschwung der sechziger und siebziger Jahre brachte unter anderem einen Riesenboom beim Massensegelsport mit sich, tatkräftig gefördert von dem fortan als »Hauptstadt des Segelsports« bezeichneten Ort. Seither ist La Rochelle ein äußerst aktives Zentrum in einer Region, aus der die meisten französischen Fahrtenyachten und ein Großteil der französischen Wassersportausrüstung stammen. Immer wieder werden La Rochelle und die benachbarte Region, die Vendée, als »Silicon Valley des Wassersports« bezeichnet, und in gewisser Weise trifft das auch zu. Man ist dort erfinderischer als anderswo, und es ist kein Zufall, dass neue Ideen hier besser und schneller gedeihen. Mit seinen Türmen und Befestigungsmauern und den unzähligen Bistros und Restaurants ist der alte Hafen eines der angenehmsten Segelziele überhaupt. Im Herzen der Stadt, die einst Richelieu so viel Scherereien bereitete, ist das Flutbecken eine Art ideale Anlaufstelle für jeden Seereisenden. La Rochelle bemühte sich als eines der ersten Segelrefugien mit seinem Port des Minimes um eine Hafenanlage, die mehreren Tausend Freizeityachten Platz bietet (dreitausend Einheiten) und über entsprechende technische Einrichtungen und einen hervorragenden Fachhandel verfügt. Über allem thront die Société des Régates rochelaises, die im Jahr 1860 gegründet wurde. Zwar umgibt sie nicht die Aura alter britischer Yachtclubs, doch stellt sie schon seit langem ihre Aktivität unter Beweis und organisiert Veranstaltungen jeder Art, deren berühmteste, die Semaine de La Rochelle, im Mai ausgetragen wird. Bei der Gelegenheit sieht man vom Optimisten bis zur großen Seerennyacht alles, was schwimmen kann. In La Rochelle findet auch die nach dem Salon Nautique in Paris größte Wassersportmesse Frankreichs statt, der Grand Pavois, der in der zweiten Septemberwoche seine Tore öffnet.

La Rochelle hat Geschichte und viel Charme, es ist bequem zu erreichen, lebendig und kulturell vielfältig. Und es hat den Vorteil, im Herzen einer Region zu liegen, die ein ausgesprochenes Fahrtenziel ist. Die unmittelbar vorgelagerten, bezaubernden Inseln laden nicht nur zu einem Ausflug ein, sondern bilden auch einen wirksamen Schutz gegen die oft unerbittlichen Attacken des Atlantiks. Auch das Landesinnere ist äußerst reizvoll, wie man leicht feststellen wird, wenn man die Charente oder die Seudre flussaufwärts fährt und etwa in Rochefort oder Marennes verschiedene hervorragend erhaltene Zeugnisse der Geschichte besichtigt oder sich kulinarischen Genüssen zuwendet.

Wenn man die Tore des Flutbeckens und den Chenal des Minimes passiert hat, taucht der Bug in ein vollkommen abgeschirmtes Gewässer ein. Die ersten Seemeilen führen unweigerlich zu einer der drei Inseln, die es begrenzen und deren nächste die Ile de Ré ist. Seit dem Bau der Brücke, die sie mit dem Festland verbindet, hat sie ihre insulare Lage eingebüßt; der Verkehr auf der Insel selbst hat zwar deutlich zugenommen, doch muss dies das Vergnügen einer Segelcrew keineswegs schmälern. Wenn man Strömungen und Gezeiten zu nutzen weiß, beginnt das Abenteuer, sobald der Bug in die Wellen taucht. Beispielsweise wenn man auf dem Kanal in Richtung der befestigten Stadt Saint-Martin-de-Ré unterwegs ist oder bei einem behutsamen Lotmanöver durch den Tidefluss von Ars-en-Ré, der zu dem kleinen Dorf führt, das verloren zwischen Salzbergen liegt. Weiß getünchte Häuser mit den in kräftigen Farben gestrichenen Fensterläden, Beschaulichkeit und Gelassenheit – damit weiß Ré zu bestechen.

Aix ist die kleinste und am schwersten zugängliche Insel; sie besitzt keinen Hafen (bei Ebbe läuft man auf Grund), doch sie ist eine wirk-

liche Insel geblieben. Hier leben im Winter zweihundert, im Sommer fast viertausend Menschen. Blumengärten, Befestigungsanlagen, in denen zum Teil Ferienlager einquartiert sind, dicht beieinander stehende kleine Häuser, ein afrikanisches Museum und Zeugnisse aus der Napoleonischen Zeit machen Aix zu einem faszinierenden und behaglichen Flecken – ein wahres Kleinod. Die anstelle von Autos verkehrenden Kutschen und die unter der Erde verlegten Hochspannungsleitungen sind zusätzliche Pluspunkte.

Am meisten Abwechslung bietet Oléron, die größte der drei Inseln, mit Salinen und Wäldern, Austern und Pineau. Sieben Dörfer, drei Häfen und zahlreiche Fischer sorgen für die heitere, betriebsame Atmosphäre. Oléron ist dem Ansturm des Ozeans direkt ausgesetzt und sehr stark vom Atlantik geprägt, wovon man sich bei einem Spaziergang am Leuchtturm von Chassiron überzeugen kann. Andererseits besitzt die Insel aber aufgrund der 1966 gebauten Mautbrücke auch eine starke Anbindung an das Festland, die sie vollkommen unabhängig von den strudelnden Wassern der Meerenge von Maumusson macht.

Von La Rochelle aus kann man sich auch zu den weiter nördlich gelegenen Atlantikinseln be-

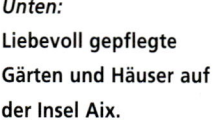

**Unten:**
**Liebevoll gepflegte Gärten und Häuser auf der Insel Aix.**

geben. Die Ile d'Yeu hat bereits viel raues Ozeanambiente, wenn auch gepaart mit einer spürbar südlichen Note. Man erreicht sie auf einer Fahrt über das offene Meer, wofür man allerdings auch reichlich belohnt wird. Port-Joinville, der größte Marktflecken, lebt im Rhythmus der Fischer; einige von ihnen wagen sich sogar mitten in die Wogen der Westküste, um an der gefürchteten Klippe Chiens-Perrins dem Wolfsbarsch zu Leibe zu rücken. Die Südküste ist wunderbar unberührt und bietet sehr schöne Ankerplätze nahe dem kleinen Port de la Meule oder am Fuße des alten Schlosses, das sich wie eine schottische Festung ausnimmt. Noirmoutier, in größerer Nähe zum Festland gelegen, ist mit Letzterem durch eine Straße verbunden. Bei Ebbe wird die Passage bei Gois freigelegt, die einst nicht wenige Pferdekarren verschlang und auch heute noch das eine oder andere unvorsichtige Automobil auf dem Ge-

**Oben:**

**Das Trockenfallen (hier in dem kleinen Hafen La Meule auf der Insel Yeu) ist eine gängige Technik, dank der man das Boot in Häfen und an Flussmündungen von Tidengewässern sicher auf Grund stellen kann.**

wissen hat. Der kleine Hafen von l'Herbaudière bietet mehr technischen Komfort, doch sind die Ankerplätze von Bois-de-la-Chaise und die Einfahrt durch den schmalen Kanal, der zu dem pittoresken Dorf Noirmoutier-en-l'Ile führt, erheblich abenteuerlicher.

Von La Rochelle aus kann man auch der Reihe nach die Häfen der Vendée anfahren wie Saint-Gilles-Croix-de-Vie oder Les Sables-d'Olonne, ein rühriger Fischerhafen und Badeort, in dem alle vier Jahre das Vendée Globe ausgetragen wird, das berühmteste Einhandrennen. Richtung Süden kann man einen Abstecher in die Weinberge der Gironde oder die Austernparks im Becken von Arcachon machen, man kann Kurs nehmen auf Spanien und Galicien, Gibraltar und das Mittelmeer oder noch weiter hin zu den Passatwinden und in die Karibik. Alle Wege stehen offen, sobald man in La Rochelle die Leinen losmacht …

# Nützliche Tipps

### Die ideale Segelzeit

Aufgrund der Weiterentwicklung des Segelsports, der Fortschritte in der Technik und bei den Mannschaften, insbesondere durch deren verbesserte Ausrüstung, kann man das ganze Jahr über in La Rochelle segeln, doch ist die Zeit von April bis September natürlich am angenehmsten. Die Stadt und ihre Inseln sind wegen der höchst unterschiedlichen Winde bei allerdings vorherrschendem Westwind ein einfaches und sehr beliebtes Ziel sowohl für Freizeitsegler als auch für Landgänger. Vorzugsweise beschränke man sich auf die Monate Mai, Juni und September, in denen die benachbarten Inseln wieder zu einem Hort der Ruhe werden.

### Die Anreise

◆ Mit der Segelyacht: Zwar ist es vor La Rochelle recht windig, doch ist das Wasser nicht sehr tief, weswegen ein geringer Tiefgang der Yacht häufig von Vorteil ist. Das Stranden, ob gewollt oder nicht, sollte ohne weiteres möglich sein. Ferner empfiehlt sich auch ein gutes Beiboot, damit man das Land erreichen kann, bevor das Schiff sich in den Schlick bohrt ...

◆ Mit dem Zug: Das bequemste Verkehrsmittel, da es einen größeren Flughafen nicht gibt (2 h 50 mit dem TGV von Paris-Montparnasse).

◆ Mit dem Flugzeug: TAT bietet tägliche Verbindungen zwischen Paris und La Rochelle an (1 h), ansonsten bleiben die Flughäfen von Nantes und Bordeaux.

◆ Auf dem Landweg: Paris, das man über Niort und Poitiers erreicht, liegt 5 h entfernt; über Saintes benötigt man 1 h 30 nach Bordeaux und 1 h nach Nantes.

### Notizen für das Logbuch

◆ Automatische Wetteransage: 08 36 68 08 17 (für die Zonen Nord- und Südgascogne.

◆ Währung: Französischer Franc (10 Franc = 2,98 DM / 1,52 Euro)

◆ Mittlerer Tidenhub in La Rochelle: zwischen 2,4 m und 5,1 m.

◆ Office du Tourisme (Fremdenverkehrsamt): 05 46 41 14 68.

◆ Hafenleitung: 05 46 44 41 20

◆ Société des Régates rochelaises: 05 46 44 62 44.

### Empfehlenswert

◆ Das Musée maritime in La Rochelle (05 46 28 03 00).

◆ Der alte Hafen und die Altstadt mit Restaurants, Bars und Museen.

◆ Das Musée de la Marine in Saint-Martin-de-Ré auf der Ile de Ré.

◆ Das Musée Napoléon und das Musée africain auf der Ile d'Aix.

◆ Fort Boyard (im Meer) und der Port de la Cotinière auf der Ile d'Oléron.

◆ Der Fischmarkt und der Port de la Meule auf der Ile d'Yeu.

◆ Die Straße von Gois, der Tour du Plantier und der

Bois-de-la-Chaise auf der Ile du Noirmoutier.

◆ Austern und Pineau des Charentes; in der Vendée die Schinkenspezialität *jambon-mogette*, Brioche und die *Galette vendéenne*.

**Rechte Seite:**
**Aix, eine reizvolle Insel nahe La Rochelle.**

# Newport
# und Neuengland

## Die Ursprünge der Neuen Welt

**Segeln im Herzen von Neuengland ist immer auch ein Ausflug in die stark vom Meer geprägte Welt des 19. Jahrhunderts und zu den Ursprüngen der Vereinigten Staaten von Amerika.**

Segelt man vor Newport, so bewegt man sich sozusagen im Herzen einer Legende. Dies ist die Kulisse der glorreichen Regatten des America's Cup, der Treffpunkt der Milliardäre an der Nordostküste der Vereinigten Staaten während der Belle Epoque, der Schlusspunkt der Transatlantik-Rennen, die den Ruhm eines Tabarly, Cola, Terlain oder Poupon begründet haben – und damit nicht genug. Newport ist die Wahlheimat der berühmten J-Klasse, der gigantischsten Rennyachten aller Zeiten, bevorzugter Tummelplatz für die schwimmenden Meisterwerke, die unweit von dort in Bristol von den Brüdern Herreshoff entworfen und gebaut wurden, Tempel der 12 m-R-Yachten und Lieblingsgewässer des größten Champions überhaupt, Dennis Conner, sowie seines bevorzugten Gegners, des Australiers John Bertrand. Newport lieferte den Hintergrund zum Epos des Barons Bich, war immer wieder eine Anlaufstelle für den australischen Milliardär Alan Bond und Testgebiet für den Flügelkiel der *Australia II.* Newport ist der Starthafen zum BOC Challenge und zu etlichen Siegen von Philippe Jeantot bei verschiedenen Einhand-

rennen rund um die Welt. Und nicht zuletzt ist Newport ein touristisches Städtchen, ein geschätzter Ferienort, auf dessen Jazzfestival im Sommer die größten Musiker zugegen sind.

Newport ist der rasenden Urbanisierung Amerikas entgangen und hat wie durch ein Wunder seine europäisch-dörflich anmutende Größe bewahrt. Es ist das amerikanische Pendant zum britischen Cowes und war gemeinsam mit Block Island immer ein nahe liegendes Segelziel für Yachten, die über den Long Island Sound aus Boston und New York kamen. Steile kleine Straßen, reizende, mit Schindeln gedeckte Häuser, großherrschaftliche *mansions* an der Bellevue Avenue oder dem Ocean Drive, legendäre Bars wie Christie's oder Black Pearl sorgen für Newports touristische Beliebtheit. Selbst der 1983 von den australischen Rennseglern

verlegte Start zum America's Cup hat daran nichts geändert. Alle möglichen Läden, Bars und Restaurants bieten in unendlich vielen, kunstvoll zubereiteten Varianten *clam chowder* und Hummer. Newport ist noch immer eine lebendige Mischung aus Sorglosigkeit und Zurückhaltung, die den zivilisierten neuenglischen Familien so gut zu Gesicht steht. Hier gilt Kalifornien nach wie vor ein wenig als das kulturlose Land der Leute mit den schlechten Manieren, die außer Geld nichts interessiert.

120 Seemeilen nördlich von New York, 100 Seemeilen südlich von Boston und Cape Cod, im Herzen Neuenglands, wo die ersten Siedler Amerikas an Land gingen, liegt Newport versteckt im äußersten Winkel einer geschützten Bucht, die eine ideale Anlaufstelle ist. Es gibt die erstaunlichsten Yachtclubs, beispielsweise den Goat Island Y.C., der mutterseelenallein auf einem Felsen mitten im Wasser steht und nur über einen Steg mit dem

**Oben:**
**Ein Ankerplatz vor der Kulisse des »Indian Summer« auf dem North Shore nahe Riverdale.**

Land verbunden ist. Im Sommer geht eine milde Brise, doch die Küstenzone Neuenglands ist nicht immer einfach und wartet zuweilen mit einer Mischung aus hartnäckigem Nebel, heimtückischen Strömungen und wandelnden Sandbänken auf. Im Winter wird die Gegend schlagartig wieder ruhig und unbewegt. Die Polarluft aus dem hohen Norden lässt alles erstarren und verdammt die Schiffe zu einem Aufenthalt an Land und im Bootshaus. In der schönen Jahreszeit erstreckt sich das Segelgebiet in drei Richtungen: das südliche Gebiet und Block Island, das Landesinnere und Providence, im Osten die Inseln Martha's Vineyard und Nantucket; und noch weiter weg Cape Cod und Boston. Genau genommen ist zur Besichtigung Newports per Schiff der Start in Boston oder, besser noch, Marblehead, einem weiteren amerikanischen Zentrum des Segelsports, am geeignetsten. Marblehead ist vor allem der Sitz des berühmten Segelmeisters Ted

Hood sowie zahlreicher Werften, Ausrüster und Chartergesellschaften, die eine große Anzahl von Fahrtenschiffen warten.

Marblehead ist der ideale Ausgangspunkt, will man einen Eindruck von jenen Häfen gewinnen, die am Beginn der Neuen Welt standen. Wie beispielsweise Salem, seinerzeit zweitreichste Stadt der Vereinigten Staaten, Manchester, Gloucester, der älteste amerikanische Hafen, oder Rockport mit seinen bunten Häusern, die sich bei vielen Künstlern großer Beliebtheit erfreuen. Hier ist die Landschaft intakt, die Häuser an der Küste sind äußerst gepflegt, und hier und da gehört ein Steg dazu, an dessen Ende ein vorbildlich gewartetes Schiff liegt. Und immer wieder sieht man schöne Holzschilder, originale Wetterfahnen oder Briefkästen in Walfischform.

Das von den Amerikanern ebenfalls hoch geschätzte Cape Cod liegt bereits mitten im Atlantik. Zumindest wird diese Sandbank

*Unten:*

**North Falmough, einer der Ankerplätze in der Nähe von Cape Cod, dessen Gewässer unter anderem für die Größe und Qualität der dort gefangenen Hummer berühmt sind.**

unmittelbar vom Rhythmus der Gezeiten und Strömungen bestimmt, die die Ursache für die reichen Fischbestände auf den Bänken vor Neufundland sind, Jahr für Jahr allerdings auch einige Meter Küste rauben. Hier ist noch nicht Europa, aber auch nicht mehr wirklich Amerika. Unter navigatorischen Gesichtspunkten ist dies eine riskante Gegend, denn sie gehört zu jenen häufig diesigen Gefilden, in denen man auf jeder Seemeile die Erfindung eines so präzisen Systems wie des GPS (Global Positioning System) zu schätzen weiß. In früherer Zeit verfügten die Schiffe nicht über diese Errungenschaft, und für rund zweitausend von ihnen gab es in diesen Gewässern im vergangenen Jahrhundert auch keinen Ausweg mehr. Dennoch lohnt Cape Cod jeden Umweg; ausgezeichnete Ankerplätze sind vorhanden und im kleinen Provincetown auch sichere Liegeplätze. Weiter südlich muss man auf den Inseln Nantucket und Martha's Vineyard Stopp

machen, doch zuvor sollte man unbedingt Moby Dick und andere Geschichten von Herman Melville erneut gelesen haben. Nur dann gewinnt man einen Eindruck davon, wie das Leben in den Straßen Nantuckets einmal ausgesehen haben mag, als es das Zentrum des Walfangs war. Damals drängten sich die Schiffe dicht an dicht, der Ort war erfüllt vom Treiben aller erdenklichen Hafenberufe, die Herbergen von geschäftigen Crews ausgebucht, und etwas auswärts lagen die schönen Häuser der Ausrüster und Kapitäne. Heute ist Nantucket Pilgerstätte und anspruchsvoller Erholungsort. Unter den spöttischen Blicken der Seerobben kann man hier das Walmuseum besuchen.

Ähnlich maritim geht es auf der Insel Martha's Vineyard zu. Sie ist weitaus touristischer, hat ein milderes Klima und ist größtenteils mit Wald bestanden. Die vielen Fähren, die in alle Richtungen ablegen, doch die in Vineyard Haven oder Edgartown liegenden Schiffe kaum

*Unten:*
**Wie die meisten Großstädte an der Ostküste ist auch Boston vor allem eine Hafenstadt, die jedoch nach wie vor äußerst angenehm ist und sich trotz ihrer Größe eine Spur europäisches Flair bewahrt hat.**

beeinträchtigen, sorgen zudem für einen leichten Zugang. Newport ist nur noch wenige Seemeilen entfernt, doch sollte man unbedingt über den Walfangort New Bedford fahren und über Fairhaven, von wo im Jahr 1895 ein gewisser Joshua Slocum aufbrach. Auf dem Rückweg von Marblehead benutzt man besser den Kanal, um ein riskantes, ungeschütztes Kreuzen vor Cape Cod zu vermeiden. Er ist 12,5 Seemeilen lang und unterliegt den wechselnden Strömungen der Gezeiten, die bis zu 5 Knoten betragen und die Zuhilfenahme des Motors erforderlich machen. Geschichtlich Interessierte werden in Plymouth oder Duxbury an Land gehen, um den Abenteuern der hundertundzwei Puritaner nachzugehen, Männern und Frauen, die sich 1620 an Bord der *Mayflower* begaben, um die erste Siedlung der Neuen Welt zu gründen. Bekanntlich nahm die Geschichte unter dem Namen »Vereinigte Staaten von Amerika« ihren Lauf ...

# Nützliche Tipps

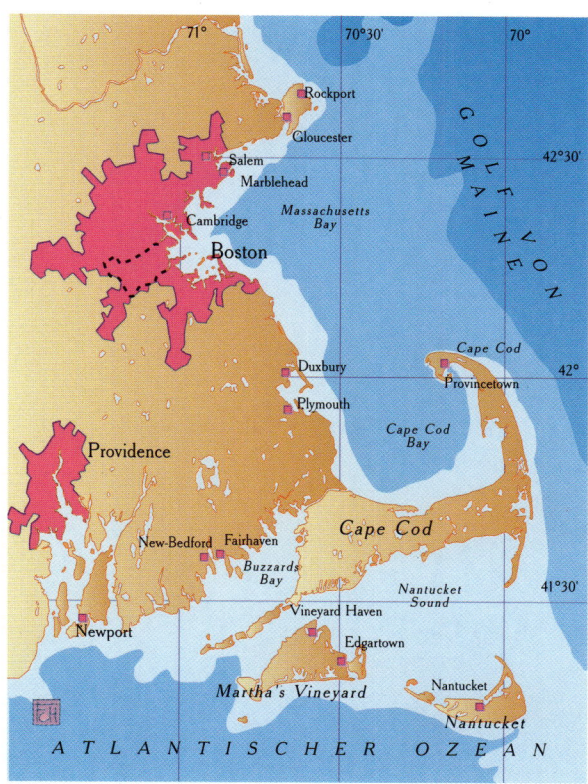

## Die ideale Segelzeit

Von Mai bis September ist es selten zu heiß, in der Regel geht ein leichter Wind, der durch thermische Strömungen verursacht wird. In dieser Zeit kommt es nur selten zu Frontenverlagerungen, nach deren Ende sehr schönes Wetter mit Nordwest-Wind aufzieht. Im September kann es über mehrere Tage hinweg neblig sein.

## Die Anreise

◆ Mit der Segelyacht: Auf der 3000 Seemeilen langen direkten Strecke zwischen Newport und Brest kann man mit ein wenig Glück auf Amwindkurs rechnen. Wählt man eine südlichere Route, um dem Azorentief auszuweichen, muss man 1000 Seemeilen zusätzlich einkalkulieren und segelt auf Vorwindkurs.
◆ Mit dem Flugzeug: Täglich zahlreiche Verbindungen mehrerer Fluggesellschaften zwischen Frankfurt und New York oder Boston, Inlandsflüge nach Providence.

## Notizen für das Logbuch

◆ Währung: US-Dollar (1 $ = 1,84 DM / 0,94 Euro)
◆ Zeitverschiebung: –6 Stunden.
◆ Der Rekord für eine Überfahrt von Europa nach Amerika auf der Transatlantikroute zwischen Plymouth und Newport liegt bei 9 Tagen, 8 Stunden und 5 Minuten; Laurent Bourgnon und Cam Lewis halten ihn seit Juni 1994.
◆ Auf der Rückfahrt geht es unter Umständen schneller: *Jet Service* mit Serge Madec am Steuer brauchte nur 6 Tage, 13 Stunden und 13 Minuten vom Leuchtturm von Ambrose (New York) bis zum Cap Lizzard. Man muss es mögen …
◆ Weitere großartige Segelrefugien gibt es an der Nordost-Küste der Vereinigten Staaten, in Maine oder in der Chesapeake Bay zwischen Norfolk und Baltimore.

◆ Parallel zur gesamten Küste der Vereinigten Staaten verlaufen Inland Waterways, auf die man je nach Wetter in Nord-Süd-Richtung oder umgekehrt ausweichen kann. Von New York aus kann man die großen Seen ansteuern, die in der schönen Jahreszeit ebenfalls ein von amerikanischen Seglern heiß begehrtes Ziel sind.

## Empfehlenswert

◆ Tagsüber die *mansions* auf der Bellevue Avenue oder Fort Adams; oder eine Runde Jogging entlang dem Ocean Drive.
◆ Die Läden von Bannister's Wharf.
◆ Ein Diner in *yachties*-Ambiente bei Christie's (Christie's Landing) oder im Charthouse (Bowen's Wharf). *New England clam showder* ist die unerlässliche Vorspeise, dann folgt Hummer.
◆ Im Black Pearl (West Pelham Street) oder im Candy Store (Bannister's Wharf) kann man den Abend ausklingen lassen. Wer je am America's Cup teilgenommen hat, ist hier gewesen.
◆ Authentische 12 m-R-Yachten wie die *Westerly*, die *American Eagle*, die *Intrepid*, ja selbst die J-Klasse *Shamrock*, die als einzige ganz aus Holz gebaut ist, kann man bei Alden Yachts Charter oder im America's Cup Charter mieten.

# Die Provence maritime
## Zwischen Mistral und Pastis

Die Provence ist, wenn man so will, das Land des Mistrals, was jedoch nicht heißt, dass der stürmische Herr der Nordwest-Winde andauernd sein Unwesen triebe. Vielmehr bildet die Gegend zwischen Marseille und Saint-Tropez, die er heimsucht, insofern eine Einheit, als ihren Bewohnern die enge Verbindung zum Meer, zum Segeln und überhaupt ihre Lebensfreude gemein ist. Darüber hinaus gibt es hier allenthalben wilde Ankerplätze und gut ausgestattete Häfen, keine Strömungen, dafür Steilküsten und das allseits gerühmte Klima, weswegen einem hier auch mehr oder weniger das ganze Jahr über die unterschiedlichsten Segelvarianten offen stehen.

Im Allgemeinen wird die Provence eher als ländliche Region betrachtet mit ihren Lavendelfeldern, den *gardians*, den Stier- und Pferdehütern in der Camargue, den *mireilles* im traditionellen Kostüm und der überall herrschenden meridionalen Redseligkeit, die unmittelbar den Romanen von Marcel Pagnol zu entstammen scheint. In diesem Bilderbogen hat die Provence maritime gerade noch in Form der derben Späße von Marius und César ihren Platz, womit man ihr jedoch keineswegs gerecht wird. In Wirklichkeit gewinnt die Hafenstadt Marseille bei näherer Betrachtung, und

Von den grandiosen Felsbuchten bei Cassis *(oben)* zur unnachahmlichen Stimmung im Hafen von Saint-Tropez (hier bei der Nioulargue, *linke Seite*) bietet die Provence-Küste zu jeder Jahreszeit viel Abwechslung.

Fahrtenliebhaber sollten an erster Stelle daran denken, dass sie hier wegen der hervorragenden nationalen und internationalen Anbindung einen exzellenten Starthafen finden. Die von den Griechen gegründete Stadt mit ihrem alten Hafen mitten im Zentrum soll der Ausgangspunkt zu einer Kreuzfahrt in Richtung Osten sein, sehr wahrscheinlich bei Vorwindkurs, da Westwinde hier vorherrschen.

Es ist immer wieder überraschend, dass dieses Ballungszentrum mit über einer Million Einwohnern ein Segelgebiet in unmittelbarer Zentrumsnähe besitzt. Die ersten angenehmen Ankerplätze befinden sich weniger als eine Seemeile von der Ausfahrt des Alten Hafens entfernt im Archipel von Frioul, direkt neben der Insel des Château d'If, das durch Alexandre Dumas' Roman »Der Graf von Monte Christo« berühmt wurde. Das stark zerklüftete, karge Frioul, grob in das rohe Kalkgestein geschlagen, beherbergt einen Hafen, der unendlich viel

## Der Mistral

Mistral ist die Bezeichnung für einen Wind, der vom Rhônedelta bis zu den Pinienwäldern der Halbinsel Saint-Tropez und ganz allgemein über dem gesamten westlichen Becken des Mittelmeers bei strahlend blauem Himmel mit stürmischen Böen hinwegfegt. Physikalisch gesehen handelt es sich um nichts weiter als eine kalte, aus nordwestlicher Richtung kommende Luftströmung, die in einem Tiefdruckgebiet nach Durchzug einer Regenfront auftritt, ein für die nördliche Hemisphäre typisches Phänomen. In der Regel ist es mit dem Durchzug einer Störung in Frankreich verbunden, die im Golf von Genua die Bildung eines sekundären Tiefdruckgebiets auslöst. Letzteres wiederum begünstigt die Abwärtsbewegung der kalten Luftschichten, die sich einen Weg durch das Rhônetal bahnen müssen. Der Mistral, ein Landwind, erreicht ohne weiteres Stärke 9 und ruft in Küstennähe kurze Dünung, auf offener See abrupte Wellen hervor. Südlich der Balearen und im Golf von Genua tritt er nur selten auf, in der Achse des Rhônetals dagegen häufig.

ruhiger ist als die an der Küste gelegenen. Hier kann man ungestört dem lokalen Brauch nachgehen und vor dem Essen Gläser, eine Flasche Pastis, frisches Wasser und ein paar Oliven hervorholen, um endlich einmal auszuruhen. Plaudern, lesen, in der Sonne liegen, baden, die vorbeifliegenden Möwen mit Brotkanten versorgen und ein paar Tage fernab von allem die Zeit an Bord eines Schiffes genießen – das wirkliche Leben! Die Marseiller Reede gibt einem

die seltene Gelegenheit, sich im Handumdrehen vom hektischen Städter in einen ganz und gar entspannten Sportsegler zu verwandeln.

Sechs Seemeilen von dort – die Großstadt ist nun wirklich außer Reichweite – befindet man sich in der faszinierenden Steilküstenlandschaft der Calanques, deren einzelne Erhebungen die Namen Sormiou, Morgiou, En-Vau, Sugitton oder Port-Pin tragen. Türkisfarbenes Wasser, duftende Pinien, die sich an der steilen Felsküste festklammern, der Schiffsbug ist an Land vertäut, ein Anker ins Wasser gelassen, hier und da hört man Zikaden – die zivilisierte Welt scheint weit entfernt. Rundherum Schwindel erregende Klippen, an denen sich manchmal ganze Seilschaften von Kletterern jeder Art plagen. Abgesehen von den Pendelschiffen, die aus dem reizvollen benachbarten Hafenstädtchen Cassis zu einem Ausflug herkommen, herrscht an diesem rundum geschützten Ort vollkommene Stille, sogar wenn der Mistral sich draußen auf dem Meer mit heftigen Turbulenzen bemerkbar macht.

Jenseits der Klippen von Cap Canaille ist auch La Ciotat ein lohnendes Ziel, zumal zur Vorratsbeschaffung, oder Bandol, das sämtliche Vor- und Nachteile eines Badeortes auf sich vereint. Erwähnenswert für Boule-Freunde ist der Pétanque-Platz neben dem Quai. Sanary, der nächste Hafen, hat es dank seiner vornehmlich aus Fischern bestehenden Einwohner besser verstanden, sich Charme und Ursprünglichkeit zu bewahren. Hier wie auch andernorts in der Provence wird man auf den bunten Märkten das reichhaltige Angebot an saisonfrischem Gemüse, Fisch, Gewürzen, Wurstwaren und weiteren gastronomischen und sonstigen Spezialitäten der Region genießen.

Wenn das Wetter mitmacht, kann man einige Stunden im Archipel des Embiez vor Anker gehen; zwar ist es schwer zugänglich, doch ist das klare Wasser sehr angenehm zum Baden. Hinter dem Cap Sicié liegt die Halbinsel Saint-Mandrier, die zum Teil mit Militäreinrichtungen besetzt ist. In einiger Entfernung dazu liegt das Dorf, dessen Hafen weitaus ruhiger und übersichtlicher ist als der von Toulon. Die Kreisstadt Var ist zwar ein geschützter Anlaufpunkt und ein in technischer Hinsicht erstklassiger Hafen, ansonsten aber nicht gerade ein Traumziel für Yachten auf der Durchfahrt.

Die Reede von Hyères hingegen ist ein echtes Segelparadies. Unendlich viele Möglichkeiten tun sich auf: von der Halbinsel Giens über die Iles d'Or, bestehend aus Porquerolles und Port-Cros und den vorgelagerten Inseln Ile de Bagaud und Ile du Grand-Ribaud. Die steilere Ile du Levant ist Militärgebiet, das Ankern ist hier untersagt, und das Dorf Héliopolis am Rand der Westküste ist Nudisten vorbehalten.

**In Marseille muss man mindestens zwei Zwischenstopps einlegen: am alten Hafen *(oben)* und am Château d'If *(unten)*.**

Porquerolles, das ganz auf Tourismus ausgerichtet ist, aber auch Weinanbau betreibt, bietet reihenweise herrliche Ankerplätze in türkisfarbenem Wasser. Die bekanntesten liegen unmittelbar am Fuße des Fort du Langoustier im Westen sowie dem Fort in der Bucht von Alycastre im Osten. Zu dieser ausgesprochen reizvollen Fahrt sollte man außerhalb der Saison aufbrechen. Man kann Pilze sammeln, ein Fahrrad mieten und hinauf bis zum Leuchtturm am Cap d'Arme fahren, um sich in der Bar de l'Escale, in der auch der Yachtclub seinen Sitz hat, zu erfrischen. Im Sommer wird das Vergnügen durch das überall an der Küste herrschende Gedränge stark beeinträchtigt. Die Insel Port-Cros, die einen Nationalpark und ein Unterwasserreservat besitzt, bietet lediglich einen Ankerplatz – das in Pinienwälder eingebettete Port-Man – und wird im Sommer ebenfalls von Besuchern überflutet. Außerhalb der Ferienzeit wird Port-Cros wieder zu einer wunderbaren und noch immer ursprünglichen Segelgegend.

Bei Ostwind finden sich auch auf der Nordseite der Reede von Hyères einzigartige Ankerplätze, beispielsweise in der Bucht von Brégançon, am Fuße des Forts, das den französischen Staatspräsidenten als Sommerresidenz dient, oder bei Léoubes oder L'Estagnol, wo es lauter schöne Strände gibt. Die vielen Privatgrundstücke

**Das Mittelmeer: überfüllte Ankerplätze im Sommer, ansonsten kristallklares Wasser, eine Vielzahl historischer Stätten und viel Lebensqualität – wie hier am Fort du Langoustier *(rechte Seite)* an der Westspitze von Porquerolles.**

haben diesen Küstenstreifen vor der rasenden Urbanisierung bewahrt, was man vom Osthang des Cap Bénat, von Cavalaire, Lavandou oder Cavalière, leider nicht behaupten kann, auch wenn man hier geschützt liegt und immerhin seine Vorräte wieder auffüllen kann.

Angenehme Ankerplätze findet man erst wieder auf dem Stück zwischen Cap Taillat und Saint-Tropez; Westwinde dringen kaum hierher vor, der Ostwind allerdings hat leichtes Spiel. Die Bucht von Pampelonne ist bereits ein Treffpunkt für große Yachten, die von der Côte d'Azur kommen, sowie für zahlreiche andere Schiffe vom Spitzgatter bis zur Offshore-Rennyacht, die für einen Tagesausflug den Golf von Saint-Tropez verlassen. Der berühmteste provenzalische Hafen, ursprünglich Freibeuterort, hat wie durch ein Wunder seine hübsche Silhouette und seine Eigenart beibehalten. Mitten im Sommer muss man ihn selbstverständlich meiden, im Mai, Juni oder September hingegen wie auch im Winter ist er ausgesprochen anziehend. Es ist erstaunlich, wie sich die Dorfbewohner trotz aller Extravaganzen, mit denen sie konfrontiert werden, ihre Einfachheit und ihr Zusammengehörigkeitsgefühl bewahrt haben. Die beste Gelegenheit, um die wahre Seele dieses provenzalischen Fleckens zu entdecken,

*Oben:*
**Die Nioulargue Anfang Oktober in Saint-Tropez ist ein großes Segelfest. Hier sieht man einige der schönsten Yachten der Welt.**

*Links:*
**Port-Cros mit seinem winzigen Hafen ist unter Seglern äußerst begehrt.**

bietet sich im Mai bei der Fête de la Bravade, die am Pfingstwochenende stattfindet. In der ersten Oktoberwoche wird Saint-Tropez bei der Nioulargue zu einem im wahrsten Sinne magischen Anziehungspunkt. Diese Veranstaltung, zu der sich die schönsten Segelschiffe der Welt einfinden, ist vermutlich nicht der ideale Zeitpunkt für einen Zwischenstopp, denn der Hafen ist komplett ausgebucht, aber für das Schauspiel sollte man durchaus einige Mühen auf sich nehmen, beispielsweise eine Muring in der Bucht des Canebiers. Die Nioulargue nämlich muss man einfach gesehen haben!

# Nützliche Tipps

### Die ideale Segelzeit

Für eine Kreuzfahrt in der Provence maritime eignen sich die Monate April bis Oktober. Wie überall im Mittelmeerraum gilt allerdings auch hier, dass Mai, Juni und September am angenehmsten sind. Zwischen dem 10. Juli und dem 20. August sind Häfen und Ankerplätze

häufig überfüllt. Die Windverhältnisse reichen von leicht zu bewältigenden Brisen bis hin zu stürmischeren Winden, die im Wesentlichen aus zwei Richtungen kommen: West-Nordwest bei Sonne oder

Südost bei bedecktem Himmel. Eine winterliche Kreuzfahrt an Weihnachten oder im Februar, wenn wieder Leben in die Dörfer und Häfen einkehrt, ist ebenfalls denkbar. Zwar ist der Wind dann meistens kräftiger, doch herrscht in den Häfen vollkommene Ruhe.

### Die Anreise

◆ Mit dem Flugzeug (Flughäfen in Marseille oder Hyères), dem Zug (Bahnhöfe in sämtlichen Küstenstädten) oder dem Auto (Autobahnanbindungen überall vorhanden) – die Mittelmeerküste ist rundherum gut erreichbar.
◆ Mit der Segelyacht: An der gesamten Küste zwischen Port-Camargue und Saint-Raphaël sind zahlreiche Charterunternehmen angesiedelt, vor allem in Marseille, Toulon, Hyères und in der Bucht von Saint-Tropez.

### Notizen für das Logbuch

◆ Wetterzone: Provence. Automatische Wetteransage: 08 36 68 13 (Bouches-du-Rhône) und 08 36 68 83 (Var).
◆ Währung: Französischer Franc (10 Franc = 2,98 DM / 1,52 Euro)
◆ Südlich der Ile du Levant ist das Segeln zeitweise wegen dort stattfindender Schießübungen verboten.

◆ Das Sammeln von Seeigeln ist nur in der Zeit von September bis April gestattet.
◆ Im Sommer sind die Ankerplätze durch Badezonen begrenzt.

### Empfehlenswert

◆ Ein wilder Ankerplatz in den Felsbuchten von Cassis und eine Klettertour bei Tagesanbruch.
◆ Der kleine Hafen von Niel am Ende der Halbinsel Giens.
◆ Eine Fahrradtour auf der Insel Porquerolles.
◆ Der Ankerplatz am Cap Taillat.
◆ Der Club 55 am Strand von Pampelonne, vor allem in der Nebensaison.
◆ Die Nioulargue Anfang Oktober in Saint-Tropez.
◆ Die Bar im Hotel Sube mit einmaligem Blick auf den Hafen von Saint-Tropez.

# Die Côte d'Azur und die Riviera

## Der Traum von den Superyachten

Vom Golf von Saint-Tropez bis zur italienischen Grenze und noch darüber hinaus hat die Mittelmeerküste ganz ohne Zweifel viel von ihrem natürlichen Charme eingebüßt. Dennoch ist sie ein sehr beliebtes Segelziel für all jene, die das außergewöhnlich angenehme Klima schätzen und in der Küstenregion problemlos kreuzen, um allabendlich in einem geschützten Hafen anzulegen.

In dieser Hinsicht ist die Côte d'Azur sicherlich die am meisten begünstigte Region ganz Frankreichs, denn hier folgt, getrennt durch steil abfallende Küstenstreifen, ein Hafen auf den nächsten. Allen sind wohlwollende Elemente und leichte Zugänglichkeit gemein. In diesen Breiten gibt es keinerlei Strömung, dafür haben die Tiefen des Wassers einiges zu bieten. Windböen sind in der schönen Jahreszeit höchst selten; wenn überhaupt, stellt einen höchstens der ausbleibende Wind vor Probleme. Meist herrscht ausgezeichnete Sicht, und das ist bei der natürlichen Schönheit des Alpenpanoramas besonders lohnenswert, vor allem, wenn die Gipfel eingeschneit sind, was fast ganzjährig der Fall ist.

**Bei Villefranche *(oben)* und Cap Ferrat *(linke Seite)* kann man die Côte d'Azur fast nicht mehr ganz der Provence zurechnen; die Nähe zu Italien ist unverkennbar.**

Einer der Vorteile der Côte d'Azur liegt in dem reichhaltigen und anspruchsvollen Kultur- und Freizeitangebot, das einem weniger als eine Stunde von der Küste entfernt geboten wird. Theoretisch kann man im Frühjahr beispielsweise morgens Ski fahren, nachmittags segeln, abends ein klassisches Konzert besuchen und die Nacht in einer Diskothek oder einem Casino ausklingen lassen.

Doch auch wenn man sich auf das Meer beschränkt, kommt man auf seine Kosten. Wenn man in dem auf Pfählen errichteten pittoresken Port-Grimaud aufbricht, das versteckt in einem Winkel des Golfs von Saint-Tropez liegt, kann man vor dem Strand von Pampelonne festmachen oder aus Schwindel erregender Höhe den Steilfelsen am Fuße der Tourelle de la Moutte fotografieren. Dann ist es Zeit für einen kleinen Törn, will man noch am selben Abend im Hafen von Santa-Lucia in Saint-Raphaël einlaufen oder einen Ankerplatz tief in der Bucht von Agay oder, besser noch, unter den rötlichen Steilhängen von Cap Dramont finden. Der kommende Tag bringt möglicherweise ein Bad bei Théoule vor dem Estérel-Massiv und einen geschützten Ankerplatz zwischen den allerdings sehr begehrten Lérins-Inseln, einem nahe liegenden Ziel für die vielen Häfen in der Gegend: Cannes, La Napoule, Golfe-Juan und Antibes. Man sollte also außerhalb der Saison herkommen, vorzugsweise im Frühjahr, denn dann ist Blütezeit auf den zwei Schwesterinseln.

Von einem Liegeplatz auf türkisfarbenem Meeresgrund, umgeben von Pinien, kann man sich in aller Ruhe auf einen Spaziergang zum Fort von Sainte-Marguerite begeben, sich auf einer Terrasse in die Sonne setzen oder das Kloster Saint-Honorat besuchen, wo die Mönche in beschaulichem Rahmen Wein und Lavendel anbauen. Weitaus besser als sein Ruf ist das als überfüllt geltende Cannes. Nicht versäumen sollte man am Abend den Besuch eines der Restaurants in der Rue du Suquet, einen Einkaufsbummel in den Läden der Rue d'Antibes oder einen Streifzug durch den überdachten Markt mit seinem frischen Obst und Gemüse,

**Seit den Anfängen des Segelsports ist die Côte d'Azur mit den Bootstreffen von Monaco (oben) und den Régates Royales von Cannes ein reges Zentrum mit einem auch heute unverändert aktiven Nachtleben (rechte Seite).**

zwei Minuten vom Hafen entfernt. Nachtschwärmern stehen hier wie überall sonst an der Côte d'Azur alle möglichen Casinos, Restaurants und Diskotheken zur Verfügung.

Liebhaber von Regatten schätzen Cannes vor allem wegen seines milden Klimas und seiner gemäßigten Winde. Seit ewigen Zeiten finden sie sich gegen Ende des Sommers zu den traditionellen Régates royales hier ein, wenn in der ganzen Bucht elegante Riggs in den Himmel ragen. Und wenn man genug von der Stadt und ihrem Tumult hat, dann nichts wie Leinen los und auf in Richtung Cap d'Antibes. Hier zeigt sich eine weitere Facette der Dreiheit aus Luxus, Ruhe und Hochgenuss, für die die grandiosen Villen oberhalb der wenigen verfügbaren Ankerplätze stehen. Über einen Küstenpfad erreicht man Notre-Dame-de-la-Garoupe, einen Ruhepol inmitten einer bewegten Gegend. In Antibes sollte man gleich am Morgen eintreffen, nicht nur der Altstadt wegen, sondern auch um einen der schönsten Märkte in der gesamten Region zu besuchen, der nur zwei Schritte vom Picasso-Museum entfernt liegt. Die Einfahrt in den Hafen, bei der man unter den Bugs der großen Yachten am »Quai der Milliardäre« herfahren muss, ist ein wenig einschüchternd, für manche frustrierend, für andere eine Zumutung, doch immer für eine Überraschung gut. Orte wie diese sind an der Côte d'Azur bekanntlich keine Seltenheit. Zu ihnen zählt der Hafen Canto de Cannes, aber auch Beaulieu, der Hafen Camille-Rayon in Golfe-Juan oder Fontvieille am Fuße des berühmten Felsens von Monaco sind nicht zu unterschätzen ... Scheuen sollte man den Platz Seite an Seite mit einer der großen Yachten an der Côte d'Azur jedenfalls nicht, denn diese Küstenregion gehört mit Florida und Kalifornien zu den Orten, an denen sich die meisten so genannten Superyachten tummeln. Wer ein

Nach Ende der Saison wird die Côte d'Azur wieder beschaulicher, persönlicher, nahbarer. Angenehm überrascht ist man etwa bei einem Besuch des alten Hafens in Nizza, der überschaubar, behaglich und exotisch zugleich ist, ganz in der Nähe einer Altstadt, deren bunte Fassaden schon eher an Italien als an die Provence erinnern. Das alte Zentrum war erst kürzlich Gegenstand beachtlicher Modernisierungsbemühungen. Das gilt auch für den Ankerplatz von Villefranche, der an diesem Küstenabschnitt sicherlich die geschützteste Lage bietet; abschüssige Straßen und geschmackvoll renovierte kleine Plätze laden zum Flanieren ein. Bleibt noch der Hafen von Menton, der letzte vor der Grenze. Jenseits von Cap Martin wird bereits das überschwängliche Temperament der Italiener spürbar, die zum Einkaufen herkommen und bei der Gelegenheit auch die französische Gastronomie nicht außer Acht lassen. An guten Restaurants herrscht hier kein Mangel. Monaco ist ebenfalls einen Umweg wert. Man braucht nur einige Stufen

Faible für schöne Schiffe oder Motoryachten hat, wird in der dritten Septemberwoche das Fürstentum aufsuchen, um sich an den knatternden alten Booten zu ergötzen, die bei der Monaco Classic Week antreten. Dieses Treffen steht in der Nachfolge einer Anfang des Jahrhunderts bedeutenden Veranstaltung, anlässlich derer modernste Technik präsentiert wurde: zaudernde Wasserflugzeuge, spektakuläre Automobile (die hier bis zum heutigen Tag zu sehen sind) und verrückte Schiffe, deren Formgebung einem einzigen Ziel diente: den Rekord des »Mille lancé«-Wettbewerbs aufzustellen.

hinaufzusteigen, um ins Herz der Stadt zu gelangen, einem herrlichen und natürlich tadellos gepflegten Ort, von wo es nicht weit zum berühmten Ozeanographischen Museum ist, das mitten auf dem Felsen als Galionsfigur des Fürstentums prangt.

An manchen Tagen in der Übergangszeit ist die Temperatur so angenehm wie nirgends sonst in Europa, und es ist ein Genuss, irgendwo am Cap Ferrat am Fuße luxuriöser Villen mit ihren herrlichen Gärten, auf die man vom Küstenweg aus einen näheren Blick werfen kann, vor Anker zu gehen. Schon im Februar beginnt das Frühjahr, wenn die Felsen über und über mit blühenden Mimosen bedeckt sind. Und der goldene Herbst mit seinen duftenden Eukalyptusbäumen geht später zu Ende als anderswo. Das ist die richtige Zeit, um mit dem Auto das Hinterland zu erkunden, Saint-Paul-de-Vence oder eines jener hinreißenden Dörfer im Vallée de la Tinée und im Vallée de la Vésubie. Hier ist

*Oben:*
**Bunte Fassaden in der Altstadt von Nizza.**

*Rechte Seite:*
**Der alte Hafen von Cannes und das pittoreske Quartier du Suquet im Hintergrund.**

man den Alpen näher als dem Meer. Diese raue Gegend ist der geeignete Ort für unvergessliche Wanderungen. Die Skistationen Valberg und Isola 2000 sind nicht weit, und stets ist in der Ferne das silbrige Flimmern des Wassers zu sehen. Trotz der fortschreitenden Besiedlung, die zwischen Cannes und Menton an der gesamten Côte d'Azur ihre Spuren hinterlassen hat, bleibt diese Küste doch ein Ort, an dem es sich hervorragend leben lässt.

# Nützliche Tipps

### Die ideale Segelzeit

Das ganze Jahr über außer im Juli und August. Einen ganz eigenen Charme hat eine winterliche Kreuzfahrt im Februar, wenn auf den Felsen die Mimosen blühen. Während des Grand Prix Offshore und der Nioulargue (erste Oktoberwoche) ist Saint-Tropez ausgebucht. Im Mai (Filmfestival) und im September (Sportyachttreffen Festival de la plaisance und Régates royales) herrscht Hochbetrieb im Hafen von Cannes. Dasselbe gilt für Monaco beim Grand Prix der Formel 1 (im Mai) und während der Bootsmesse (Boat Show). Im Herbst weht der Ostwind, der den Segelbetrieb zum Erliegen bringt, häufiger.

### Die Anreise

◆ Mit der Segelyacht: Die wichtigsten Starthäfen sind die im Golf von Saint-Tropez, Saint-Raphaël, Cannes, Antibes und Nizza, wo sich auch zahlreiche Charterfirmen befinden.
◆ Von der Autobahn, die in einiger Entfernung parallel zur Küste verläuft, über

den internationalen Flughafen in Nizza bis hin zur direkt an der Küste verlaufenden Bahn stehen einem sämtliche Möglichkeiten offen.

### Notizen für das Logbuch

◆ Wetterzone: Provence Ost und Ligurien. Automatische Wetteransage: 08 36 68 08 83 (Küsten im Departement Var) und 08 36 68 08 06 (Küsten im Departement Alpes-Maritimes).
◆ Währung: Französischer Franc (10 Franc = 2,98 DM / 1,52 Euro)
◆ Während der Saison ist es sinnvoll, sich über VHF seinen Liegeplatz im Hafen zu reservieren.
◆ Nach starken Regenfällen achte man auf treibende Baumstämme, vor allem an Mündungen von Flüssen, die sich wegen des Gefälles rasch zu reißenden Strömen entwickeln.
◆ Wie in den meisten Mittelmeerhäfen wird mit dem Heck zur Pier festgemacht.
◆ Zu manchen Zeiten herrscht ein regelrechter Ansturm auf die Treibstoffstellen, und wegen der im Durchschnitt beacht-

lichen Größe der Schiffe, die in dieser Gegend verkehren, kann einen die Wartezeit auf eine harte Geduldsprobe stellen.
◆ Entfernungen:
Nizza – Port-Cros: 56 Seemeilen;
Antibes – Saint-Tropez: 36 Seemeilen;
Monaco – Cannes: 20 Seemeilen.

### Empfehlenswert

◆ Ein Ankerplatz am Cap Dramont.
◆ Ein Abstecher zu den Lérins-Inseln.
◆ Ein Restaurant in Cannes im Quartier du Suquet.
◆ Ein Ankerplatz am Fuße von Cap Ferrat.
◆ Das Musée océanographique in Monaco.
◆ Der alte Hafen in Nizza und die Bucht von Villefranche.

# Korsika

## Ein natürliches Paradies

Korsika – das ist zunächst einmal ein Duft: Manchmal zieht er mitten in der Nacht vorüber, zu einer Stunde, da man die Insel in der Morgendämmerung vor dem Bug noch nicht erkennt; eine leichte Brise, die durch die Täler gestreift ist, trägt ihn hinaus aufs Wasser. In ihm ist alles enthalten, was die Gegend ausmacht: der schwere Geruch von Macchia, eine leicht wilde Note, voll und flüchtig zugleich, eine Spur aufdringlich auch und sehr eigen. Wenn der Mistral ihn mit sich führt, kann er bis zu 40 Seemeilen aufs offene Meer reichen, dorthin, wo man von Malta, Sizilien oder den Äolischen (oder Liparischen) Inseln herkommend anreist. Er empfängt einen auch, wenn man mit dem Flugzeug in Calvi (Haute-Corse) oder Figari (Corse-du-Sud) gelandet ist, wo man, will man eine langwierige Anreise umgehen, ein Schiff chartern kann, um entlang der Agriates-Wüste oder in der Straße von Bonifacio zu kreuzen.

Korsika ist außergewöhnlich, einzigartig, vielfältig, originell – einfach anders. Und ein herrliches Segelrevier obendrein. Mediterrane Landschaften von atemberaubender Schönheit, eine eigene Kultur, das gewisse Etwas, und das alles weniger als eine Flugstunde oder eine Nachtfahrt mit der Fähre vom Festland ent-

**Das unberührte, unverkennbare Korsika bietet neben einer Vielzahl herrlicher Ankerplätze wie der Marina von Elbo *(linke Seite)* auch so einzigartige Orte wie Calvi *(oben)*, was die Insel zu einem echten Segelparadies macht.**

*Nachfolgende Doppelseite:*
**Inmitten der Felsformationen am Cap Roux.**

fernt. Da es weit genug auf dem offenen Meer liegt und nur wenige große Häfen besitzt, kommen seine Anhänger nicht umhin, wirklich zu segeln. Man kann sich innerhalb einer Woche einen Überblick verschaffen oder die Insel bei einem zwei- bis dreiwöchigen Sommertörn entdecken. Für den Segler hält sie sämtliche Varianten bereit. Auch wenn man ein ums andere Jahr herkommt, sorgen die klimatischen Bedingungen dafür, dass einem genügend unerforschte Ankerplätze bleiben. In diese Insel kann man sich so sehr verlieben, dass man darüber alle sonstigen Segelreviere der Welt vergisst, ohne etwas zu vermissen. Man kann das Schiff auch als Außenstützpunkt für Abstecher ins Landesinnere nutzen, auf Berge klettern, die Wälder durchstreifen, in den Flüssen baden und in einem Dorf im entlegenen Winkel eines Tals korsische Wurst verspeisen. Das alles ist per Taxi oder Mietwagen bequem machbar.

hin gibt es häufiger Gewitter, und wegen des großen Andrangs möchte man die Häfen manchmal ganz meiden. Der Herbst zeigt einzigartige Farben, und die Wärme hält noch vor, aber die Tage sind bereits kürzer. Nichts ist perfekt, doch muss man hier weniger Unannehmlichkeiten in Kauf nehmen als anderswo. Der Norden und der Westen der Insel sind felsig, der Süden gibt sich tropisch, und über die Ostroute gelangt man gut geschützt vor den kräftigen Westwinden wieder in den Norden. Eine Entdeckungsreise mit der Segelyacht kann sich verschieden gestalten. Bei der ehrgeizigsten Variante ist die Insel Ziel einer Umsegelung, an deren Anfang eine Überfahrt vom Festland steht und deren Abschluss etwa ein Hafen an der Côte d'Azur oder Genua bildet. Die Ankunft mit dem Schiff in Korsika ist eine einzigartige Erfahrung, die jeder Steuermann einmal in seinem Leben gemacht haben sollte. Die Überfahrt dauert etwa vierundzwanzig Stunden; die Strecke ist je nach Start- und Zielhafen unterschiedlich lang. Der kürzeste Weg ist der zwischen Menton und Calvi (92 Meilen); zwischen dem Hafen von Hyères und dem von Bonifacio liegen 160 Meilen. In der Regel kommt man in den frühen Morgenstunden an, gerade rechtzeitig für die

Korsika mit der Segelyacht zu bereisen, begeistert immer wieder aufs Neue. Im Frühjahr geht es unter Umständen etwas unstet zu; die vorherrschenden West-Südwest-Winde, die nichts als der verlängerte Arm des Mistrals sind, können manchmal eine ungeahnte Stärke erreichen, wenn sich gleichzeitig das Innere der Insel in ein einziges Blütenparadies verwandelt. Zu Beginn des Sommers ist es in der Regel ruhiger, die Tage sind endlos lang, das Wasser ist noch ein wenig frisch, der Meeresgrund immer gleich schön, und nur selten muss man seinen Ankerplatz mit anderen teilen. Der Juli ist ideal, wenn auch ein wenig betriebsam. Zum August

Von Centuri *(linke Seite)* bis Bonifacio begleiten die Genueser Türme *(oben)* die Schiffe rund um Korsika.

letzten Leuchtfeuer von Giraglia (Cap Corse), Revellata (Calvi), Sanguinaires (Ajaccio) oder Sénétose (Corse-du-Sud) und kurz bevor die Dämmerung das nuancenreiche korsische Relief zu einer phantastischen Skala sämtlicher Blautöne macht: ganz oben die schroffen Kämme des Bergmassivs in der Inselmitte, darunter die gewölbten Gipfel der Macchia und ganz unten die sich weitenden Täler, die sanft zum Meer hin auslaufen.

Eine andere Variante besteht darin, ein Schiff zu chartern, wofür sich fünf größere Orte anbieten: Bastia und Calvi im Norden, Ajaccio in der Mitte, Bonifacio und Porto-Vecchio im Süden. Dort befinden sich die rührigsten Bootsverleiher, die erstklassigsten Häfen, die besten Versorgungsmöglichkeiten sowie Flughäfen und Anlegestellen der Fähren, die die Verbindung zum Festland (Marseille, Toulon, Nizza oder Italien) sicherstellen.

Zwischen Bastia und Calvi bietet das Cap Corse beeindruckende Landschaften, doch nur wenige Häfen und Ankerplätze, abgesehen von dem kleinen Hafen in Centuri, wo man bei schönem Wetter ankern kann. Dann kommen Saint-Florent und sein Golf, und erst jetzt geht es richtig los. Fährt man in Richtung Ile Rousse, kommt man in den Genuss der Ankerplätze vor der Wüste von Agriates. An ihrem Rand liegen riesige weiße Sandstrände, von wo aus das Wasser in tropisch-blaue Lagunen fließt. An einem Halt in Calvi führt kein Weg vorbei, vor allem, wenn der Libeccio (ein Südwest-Wind) die Fahrt bremst. Der Hafen ist herrlich, es gibt zahlreiche Restaurants, doch herrscht des öfteren Hochbetrieb. Weiter südlich in Richtung Porto-Vecchio, Cargèse und Ajaccio ist die Küste phantastisch; bei kräftigem Westwind allerdings wird es an den meisten Ankerplätzen ungemütlich. Es gilt also, das schöne Wetter

## Wurst und Käse

Korsika ist vom Land und vom Meer geprägt und gastronomisch ebenso vielfältig und abwechslungsreich wie seine Landschaften. Eine frei lebende Kreuzung zwischen Haus- und Wildschwein, die im Unterholz der Macchia zu Hause ist, bildet die Grundlage zu den würzigen Wurstwaren. *Lonzu* (geräuchertes Schweinefilet), *prisuttu* (Räucherschinken), *coppa* (durchwachsenes Bruststück) oder *figatelli* (halb getrocknete, geräucherte Leberwürste) gehören unbedingt zur Bordverpflegung. Die meist kräftigen Käse werden hauptsächlich aus Schafmilch gewonnen, wie der *bastelicaccia* (cremig-weich) und der *sartenais* (Hartkäse); der berühmte *brocciu* (korsisch für Busch, Prärie) aus Ziegenmilch ist genau genommen kein Käse, sondern unverzichtbarer Bestandteil vieler traditioneller Rezepte. Bei den Weinen sind der Patrimonio (AOC aus der Gegend um das Cap) oder der Golo zu empfehlen. Zicklein oder Fisch sind aus der korsischen Küche nicht wegzudenken. Und im Restaurant La Stella d'Oro in Bonifacio sollte man sich mit Kapaun und Auberginen à la bonifacienne einen Hochgenuss gönnen.

finden, wenn der Wind einem allzu übel mitspielt. Jenseits dieser Grenze, in Südkorsika, ist allerdings höchste Vorsicht geboten, denn wenn man erst auf den Geschmack gekommen ist, kann man nicht mehr davon lassen! Und das bedeutet, dass man oft hierher zurückkehren wird, auf Kosten anderer schöner Segelziele. Südkorsika bietet Wind und Wildheit, es ist landschaftlich intakt und überaus beliebt – weswegen es zuweilen auch überfüllt ist –, es ist mild im Winter und angenehm gesellig im Sommer. Einmal in Sénétose angekommen, nimmt man das Leben deutlich gelassener. Man hat die Möglichkeit, mehrere Tage im Herzen dieses Kaps zu verbringen, in den zahlreichen Felsbuchten, Förden und Häfen, die bis Bonifacio die Küste prägen. An der Einfahrt zur Straße von Bonifacio steht der Leuchtturm der Mönche, ein eher schwieriges Gelände. Nichtsdestoweniger kann man den Versuch unternehmen, sich zwischen Leuchtturm und Küste hindurchzulavieren, doch sollte man nicht vergessen, wie viele Schiffe hier bereits Federn gelassen haben und mit beschädigtem Kiel oder fehlenden Schraubenflügeln die Fahrt fortsetzen mussten. Dieser Küstenstreifen ist weitestgehend unbebaut. Man hat die Möglichkeit, in kleinen, intimen Buchten vor Anker zu

auszunutzen, um sämtliche Winkel des Scandola-Massivs auszukundschaften. Eine einzigartige Erfahrung, die einen direkt nach La Girolata führt, wo man höchstwahrscheinlich wieder auf sehr viele andere Schiffe treffen wird. Der Golf von Ajaccio liegt geschützter, und an der nahe gelegenen Küste gibt es genügend Möglichkeiten, um Unterschlupf zu

gehen, sich an die endlosen weißen Sandstrände zu begeben oder in ein Restaurant
direkt am Wasser, beispielsweise in Tizzano.
Liebhaber türkisfarbenen Wassers werden am
Ankerplatz Lion de Rocapine auf ihre Kosten
kommen, dessen Strand wegen eines Camping-
platzes in unmittelbarer Nähe leider sehr stark
besucht ist. Auch die Bucht vor Figari einige
Meilen weiter ist schlecht zugänglich und wird
an windigen Tagen von Dutzenden Surfbrettern
durchfurcht. Bei Südwestwind, einer häufigen
Begleiterscheinung der sommerlichen Wetterverhältnisse, setzt man die Fahrt gen Westen
fort, dem Hafen von Bonifacio zu – ein pracht-
voller Rahmen –, bevor man mit gebotener Eile
den Lavezzi-Archipel und im Anschluss daran
in Richtung Porto-Vecchio windgeschützte
Ankerplätze ansteuert.

Korsika liegt nicht isoliert; es ist umgeben von
einigen, größtenteils italienischen Inseln wie

**Von den Lavezzi-Inseln
*(linke Seite)* bis hin zu
den Steilfelsen am
Cap Pertusato *(oben)*
geht an der Straße
von Bonifacio in der
Regel ein kräftiger
Wind. Ein lohnendes
Segelziel unweit des
Maddalena-Archipels.**

Elba oder dem sardischen Archipel. Es befindet
sich unmittelbar auf der Route aller Fahrten,
die nach Osten führen: nach Italien, Sizilien,
Griechenland oder darüber hinaus. Begeisterte
Anhänger werden es bestätigen: Korsika ist das
wahre Herz des Mittelmeers, wenn nicht der
ganzen Welt ...

# Nützliche Tipps

### Die ideale Segelzeit

Wie im gesamten Mittelmeerraum kann man das ganze Jahr über in Korsika segeln; zudem herrscht hier ein noch milderes Klima als gemeinhin in Südfrankreich. Dennoch weht mitunter ein äußerst kräftiger Wind, insbesondere an der Nord- und Südspitze, wo die Gefälle sich noch verstärken. Doch gibt es eben auch dauerhaft ruhige Wetterperioden, und der Wechsel gestaltet sich zuweilen übergangslos. Man muss also auf der Hut sein und sehr regelmäßig den Wetterbericht verfolgen. An der Westküste geht ein frischerer Wind, doch kann man infolge des vom offenen Meer her wehenden Windes und der mit dem Mistral einhergehenden Dünung die Ankerplätze manchmal nicht erreichen. Die beste Zeit liegt zwischen Mai und September, und in der Regel herrscht von Mitte Juni bis Ende Juli, wenn die Tage am längsten sind, eine richtige Schönwetterperiode. Zwischen dem 15. Juli und dem 20. August übersteigt der Andrang in den Häfen bisweilen das erträgliche Maß. An der Ostküste ist es längst nicht so windig. Hier kann man, geschützt vor den Westwinden, eventuell auch in Nordsüd-Richtung segeln.

### Die Anreise

◆ Mit der Segelyacht: Starthafen für die kürzeste Strecke vom französischen Festland aus ist Antibes (100 Seemeilen), unwesentlich länger ist es von Saint-Tropez oder Hyères. Bei einer Durchschnittsgeschwindigkeit von sechs Knoten muss man mit einer Fahrzeit von vierundzwanzig Stunden rechnen. In ganz Korsika sind in den Häfen die verschiedensten Charterfirmen angesiedelt. Bei manchen Festlands-Anbietern kann man einen One way-Törn nach Korsika buchen oder auch Einfachfahrten zwischen einzelnen korsischen Häfen.

◆ Mit der Fähre: Täglich ab Marseille, Toulon, Nizza oder Genua. Schnellverbindungen (drei Stunden bei schönem Wetter) ab Nizza in Richtung Bastia oder Ile Rousse.

◆ Mit dem Flugzeug: Etliche Fluggesellschaften fliegen Ajaccio (Westküste), Bastia (Ostküste), Figari (Süden) oder Calvi (Nordwesten) an. Zusätzliche Flüge in der Ferienzeit und im Sommer.

### Notizen für das Logbuch

◆ Wetterzone: West-Korsika und Ost-Korsika.

◆ Währung: Französischer Franc (10 Franc = 2,98 DM / 1,52 Euro)

◆ Der Libeccio, ein Wind aus Südwesten, ist ein Ausläufer vom Mistral in Verbindung mit einem Tiefdruckgebiet über dem Golf von Genua; er kann Windstärke 9 erreichen. Der Schirokko weht aus Südosten, wenn ein Tiefdruckgebiet aus Spanien im Anzug ist oder eine Front das gesamte Becken überquert. Er sorgt für bedecktes, mildes Wetter.

◆ Es gibt mehrere Unterwasserreservate, in denen die Unterwasserjagd verboten ist, vor allem in der Nähe des Lavezzi-Archipels.

### Empfehlenswert

◆ Der Hafen von Centuri am Cap Corse.

◆ Calvi und ein Besuch der Zitadelle.

◆ Der Ankerplatz der Marina von Elbo an der Westküste.

◆ Ein Ausflug mit dem Auto oder dem Motorroller zum Pass von Vizzavone, wenn der Mistral in der Straße von Bonifacio allzu kräftig bläst.

◆ Der Ankerplatz an der Spitze von Sperone an der Südostküste.

◆ Der Lavezzi-Archipel, vorzugsweise außerhalb der Saison.

**Rechte Seite:**
**Geschützt vor den Windböen des Libeccio hinter dem Cap de la Revellata nahe Calvi.**

# Sardinien und andere italienische Inseln

## Paradiesische Segelstätten

Willkommen in der Heimat des Meeres – hier ist etwas geboten! In Italien sollte man sich unbedingt Zeit lassen, in einer Ecke des Hafens festmachen und seine Blicke schweifen lassen. Ein Fischer, der seine Netze flickt, ein anderer, der mit einem Stück Holz einen Tintenfisch weich klopft, ein *marinaio*, der die Kupferbeschläge einer großen Yacht auf Hochglanz bringt, ein milliardenschweres Paar, das es sich an Deck einer Superyacht gut gehen lässt, er im Bademantel, sie in brasilianischem Outfit und sich am Boden räkelnd, über dem immerhin an einer Leine zwischen Mast und Bug die Wäsche trocknet… Es ist wie im Theater. Man muss sie gesehen haben, die ungeheuerlichen Thunfischkutter in der Straße von Sizilien, will man begreifen, dass Italiener seit Anbeginn der Zeiten Seeleute sind. Bummelt man abends über die kleinen Plätze, wird man verstehen, wie es dieses manchmal exzentrische Völkchen schafft, auf einer so winzigen Insel wie Pantelleria oder auf dem grünen Elba in so perfekter Symbiose zu leben. Eine Vespa, ein Lieferdreirad, zwei oder drei hübsche Mädchen, die man im Geiste die Treppen eines

**Luxusyachten bei Porto Cervo** *(linke Seite)* **und überlieferte Fischereitechniken – die italienischen Inseln laden überall zum Reisen ein.**

Palastes erklimmen sieht, und um sie herum zweimal so viel Jungen, Heiterkeit und gute Laune. Und an einer anderen Ecke, allem Anschein nach vollkommen zweckfrei, eine prächtige Bougainvillea. Geplapper, Gelächter, manchmal ein wenig Gezänk. Hat man einmal beobachtet, wie sich Horden von italienischen Sommerfrischlern über die Strände des sardischen Archipels ergießen, so wird man verstehen, wie glücklich vom *bambino* bis zur Großmutter alle sind, am Meer zu sein. Man sollte auch einem der großen Segelyachttreffen an der Costa Smeralda beigewohnt haben, um zu erkennen, dass selbst in Italiens gehobener Gesellschaft Boot und Meer Teil der Kultur und des Lebensstils sind. Man muss im Hafen von Capri in einer Dreier- oder Viererreihe längsseitig vertäuter Boote festgesessen haben, um dieses lärmende wie hemmungslose Volk auf die Palme zu bringen. Hat man Stromboli, die Bucht von Neapel oder den Ätna gesehen, kann man ermessen, in welch erhabenen Breiten sowohl zu Wasser als auch zu Land römische Geschichte geschrieben wurde. Und wenn man die Lateinerwerften auf der Insel Maddalena besichtigt hat, so erkennt man in den Handgriffen der Zimmerleute den Ursprung jener Tradition, die die Italiener noch heute als unangefochten stilsichere Meister in der exquisiten Welt der großen Luxusyachten ausweist.

Von den römischen Eroberungen bis zu den venezianischen Expeditionen, von den Genueser Türmen bis zu den legendären sardischen Banditen ist die Geschichte des italienischen Stiefels eng mit dem *mare nostrum* verknüpft. Präsent in Kunst und Kultur, Sport und Wirtschaft, Gesellschaft und Gastronomie: Das Meer ist in Italien eine Verbündete, eine Mutter, eine Schwester – auf jeden Fall eine Frau und selten eine feindlich gesinnte. Im Gegensatz zu anderen Ländern, in denen Inseln und Häfen lediglich am Schluss einer Kette zentral organisierter Abläufe stehen, verkörpert jede der zahlreichen Inseln Italiens immer auch die gesamte Nation. Das gilt vor allem für die Geschichte.

Sardinien ist ein hervorragendes Kondensat dieser Diversität, namentlich der Maddalena-Archipel, dessen Besuch sich gut mit einer Kreuzfahrt nach Korsika verbinden lässt. In diesem Labyrinth südöstlich der Straße von Bonifacio wimmelt es nur so vor gut geschützten Ankerplätzen auf türkisfarbenem Grund, Kanälen und Meeresarmen, umgeben von einem schönen Granitlitoral. Hier kann man zu jeder Zeit segeln, selbst bei starkem Westwind. Dieses Gebiet, das früher wie ausgestorben war, hat sich zu einem der größten internationalen Yachtzentren entwickelt, seit der Agha Khan hier vor dreißig Jahren für wohlhabende Gäste ein Ferienparadies geschaffen hat, das kaum Wünsche offen lässt. Jeden Sommer hält nun der internationale Jetset Einzug und mit ihm alte Yachten, Maxiyachten, Rennprototypen des Sardinia Cup oder die berühmten Swan der finnischen Werft Nautor. Die Costa Smeralda, deren neuralgisches Zentrum die Marina von Porto Cervo ist, steht nicht für Italien und erst recht nicht für Sardinien, doch ist sie der auffälligste und üppigste Teil, ästhetisch äußerst gelungen dank einer hervorragenden Architektur, die die Luxusvillen perfekt in die Macchia ringsum eingepasst hat. Der Hafen selbst, nicht ganz so

spektakulär, ist hervorragend ausgestattet und gut gewartet. Die Buchten ringsum sind lauter herrliche Anlaufstellen, wo man einige der schönsten Schiffe der Welt sehen kann. Die sardische Küste hat noch viele weitere, weniger berühmte Trümpfe, so beispielsweise die West-küste, an der in nicht ganz so dichter Folge auch sehr Ursprüngliches zu sehen ist: Alghero, der Golf von Oristano oder die Insel San Antioco.

Die Überfahrt nach Sizilien dauert zwei oder drei Tage, was schon eine ganz beachtliche Fahrt ist. In der schönen Jahreszeit lässt sie sich ganz unter Motor bewältigen. Auf den Inseln im Norden und westlich von Sizilien lebt man sich leicht ein, denn das Ambiente ist ausge-sprochen wohltuend. Ustica, die größte und grünste dieser Inseln, blickt auf eine bewegte Geschichte zurück, in der es immer wieder um Massaker und Piraten geht. In dieser Hinsicht haben auch die sehr sehenswerten Ägadischen Inseln, die sich aus Maretimo, Levanzo und Fafignana zusammensetzen, einiges zu bieten. Einen Eindruck vermitteln diese Orte jedoch ungeachtet aller Turbulenzen: Man wähnt sich fernab von allem und gleichzeitig auf Tuchfüh-lung mit der Urgeschichte des Mittelmeers.

Etwa hundert Seemeilen weiter, im südlichen Tyrrhenischen Meer, tut sich mit den Lipari-schen oder Äolischen Inseln ein wiederum anderes Segelrevier auf. Wirkliche Häfen sind hier die Ausnahme, Ankerplätze nicht frei von Gefahren, weswegen der ursprüngliche Reiz vielleicht auch erhalten bleibt und ein sicherer Schutz gegenüber Masseninvasionen von Segel-sportlern besteht. Das weitestgehend von Vul-kanen geprägte Erscheinungsbild dieses Teils des Mittelmeers kann sich stets wandeln. Drei große Vulkane sind noch immer aktiv: Der Ätna, den man bei einem Abstecher nach Milazzo an der sizilianischen Küste besichtigen

**Auf den exotischen und zugleich traditions-reichen italienischen Inseln ist die Kunst des Savoir-vivre überall zu Hause.**

kann, der Stromboli, dessen nachts weithin sichtbarer Lavafluss ihm den Spitznamen »ältester Leuchtturm des Mittelmeers« ein-gebracht hat, und der Vesuv, der die Bucht von Neapel überragt.

Etwas weiter nördlich liegt die Insel Capri, die trotz des starken Besucherstroms noch immer bezaubert. Capri gehört wie Ibiza, Saint-Tropez oder Santorin zu jenen magischen Orten, die auch angesichts großer touristischer Beliebtheit ihren Reiz nicht einbüßen. Wenn die Kapa-zitäten erschöpft sind, was im Hochsommer zwangsläufig der Fall ist, weicht man weiter nördlich in Richtung Neapel aus, und zwar

Noch weiter nördlich sorgt die fast unbekannte Insel Ventotene für weitere Überraschungen. Die Römer höhlten den Felsen aus, um einen Hafen anzulegen, und Nero verfrachtete einen Teil seiner unliebsamen Familie nach Ventotene. Die rauen Gesichter mancher Bewohner erinnern daran, dass einige Sträflinge der benachbarten Insel San Stefano sich dorthin flüchten konnten. Es folgen die grüne Insel Giglio und Elba, das wie ein riesiges Forum anmutet, mit Portoferraio im Zentrum, dem gigantischen Hafen, wo Fähren, Pendelschiffe, Fischer und Segelsportler aufeinander treffen. Mit seinen 120 Kilometern zerklüfteter Küste und herrlichen Stränden könnte das nur 30 Meilen von Bastia entfernte Elba vielleicht die am meisten frequentierte italienische Insel sein. Doch wie sollte man das entscheiden angesichts einer solchen Vielfalt?

nicht auf die Stadt selbst, sondern vielmehr auf die vorgelagerten Inseln Procida und Ischia. Die Weiterfahrt den Stiefel entlang nordwärts führt an den Pontinischen Inseln vorbei, an deren Lavagestein sich farblich hinreißende und für eine Küstenregion eher seltene Pastelltöne abzeichnen. Und überall profitiert man von der einmaligen italienischen Lebensqualität, die in Form eines Pasta-Gerichts oder einer *insalata di mare* bislang unbekannte Genüsse mit sich bringt, während die von Wacholder erfüllte Luft oder ein Sonnenuntergang auf unbewegtem Wasser ganz andere Freuden bereithält.

# Nützliche Tipps

## Die ideale Segelzeit

Die italienischen Mittelmeerinseln können das ganze Jahr über angesteuert werden; allerdings kommt es im gesamten Winterhalbjahr, also zwischen Oktober und April, häufiger zu kräftigen Sturmböen. Im Sommer ist es in der Regel warm, und es geht ein mäßiger, äußerst angenehmer Wind, der nur am Kap und in der Nähe von Anhöhen schärfer weht. Auch in diesem Segelgebiet sind die Monate Mai, Juni und September am meisten zu empfehlen. Im Juli und August ist es sehr heiß, und der Wind macht sich rar, dafür herrscht ein starker Besucherandrang. Die Wettervorhersagen sind für gewöhnlich trotz der höchst unterschiedlichen Regionen und starker lokaler Klimaphänomene ausgesprochen zuverlässig.

## Die Anreise

Aufgrund vielfältiger Straßen-, Flug-, Bahn- und Schifffahrtsverbindungen mit Italien ist jede Anreise denkbar. Zu den belebtesten Häfen, in denen auch Charterunternehmen ihre Vertretungen haben, gehören Lavagna (Golf von Genua), Anzio und Gaëte (Pontinische und Äolische Inseln). Mit einem gecharterten Schiff bietet sich eine Umsegelung mit Ausgangspunkt im Süden Korsikas an. Ein klassischer Törn und zugleich eine herrliche Sommerroute umfaßt folgende Stationen: Hyères, Bonifacio, Porto Cervo, Ustica, eventuell die Ägadischen Inseln westlich von Sizilien, den Lipari-Archipel, Capri, die Pontinischen Inseln, Giglio, Elba und Rückkehr über das Cap Corse.

## Notizen für das Logbuch

◆ Währung: Lira (1000 Lire = 1,01 DM / 0,52 Euro).
◆ Zeit zwischen Sonnenaufgang und Sonnenuntergang: 15 1/2 Stunden im Juni, 9 1/2 Stunden im Winter.
◆ Entfernungen: Bonifacio – Ustica: 220 Seemeilen; Ustica – Lipari: 80 Seemeilen; Bonifacio – Lipari: 290 Seemeilen; Cap Corse – Messina: 380 Seemeilen; Messina – Capri: 160 Seemeilen.
◆ Die Pontinischen Inseln tragen im Italienischen den Beinamen »Inseln in der Strömung«, der auf die hydrologische Zirkulation zurückgeht; sie ist der Grund für das kristallklare Wasser.

◆ Es ist sinnvoll, bei jeder sich bietenden Gelegenheit voll zu tanken und Wasser nachzufüllen, denn im Tyrrhenischen Meer herrscht oft Flaute.

## Empfehlenswert

◆ Der Ankerplatz Tahiti südlich der Insel Caprera, vor Beginn oder nach Ende der Touristenzeit.
◆ Das jährliche Treffen der Lateinsegler auf der Insel Maddalena.
◆ Porto Cervo zur Zeit des Maxi Cups, bei dem auch viele exquisit gekleidete Damen zugegen sind.
◆ Der Ägaden-Archipel, von wo aus man einen herrlichen Blick über das Mittelmeer hat.
◆ Die Boote der Schwertfisch-Fischer in Scilla (Straße von Messina).
◆ Capri und dies möglichst außerhalb der Saison. Abends ist es in jedem Fall ruhig.
◆ Das magische Ventotene.
◆ Ponza – daran führt kein Weg vorbei!
◆ Elba auf dem Rückweg, zur Linderung des Kulturschocks!

# Die Balearen

## Genau unter der Sonne

Menorca ist ein wohl gehütetes Geheimnis. Um das zu begreifen, muss man nur ein paar Meter weit die Felsen hinaufklettern und sich einen Moment lang umsehen. Im Licht der vom Wasser reflektierten Sonne schlängelt sich die Cala Ayada hin wie ein norwegischer Fjord. Die gekalkte Terrasse rechts wartet auf einen Besucher, der wohl nicht kommen wird. Unterhalb schaukeln, an Stegen befestigt, vier Boote im Wind, der mild über das Wasser weht. Von weitem nähert sich eine Ketsch mit laufendem Motor. Ortswechsel in die Cala Moli. Ein Haus, das irgendwann auch weiß gestrichen war, dicht am Felsen liegend. Seine rosafarbenen Dachziegel und das bis ins Wasser reichende Fundament zeigen Spuren von Feuchtigkeit. Eine große Pinie und eine Dattelpalme direkt daneben spenden Schatten auf der Terrasse. Ein Anhänger auf einer Schräge, drei Holzstufen, eine Mauer aus nacktem Stein, ein Ruderboot. Das ist alles. Etwas weiter weg der Leuchtturm der Inselspitze Favatrix. Dort gibt es nur einen Felsen, ein Wärterhäuschen, eine Holzhütte, in der von Zeit zu Zeit vielleicht ein Fischer übernachtet. Nichts. Stille – und Meer, so weit das

**Die sonnenüberfluteten Balearen blicken auf eine glorreiche maritime Vergangenheit zurück und sind heute ein ganz eigenes Fahrtenziel im Herzen des Mittelmeers.**

Auge reicht. Man könnte sich auch in der Nordbretagne wähnen, außer dass Wasser und Himmel hier makellos blau sind und die Temperaturen ausgesprochen angenehm. Nochmaliger Ortswechsel nach Mahon. Dicht an dicht stehen die Häuser rings um die weißen Ruderboote, die das nachmittägliche Sonnenlicht einfangen und geborgen in diesem natürlichen Unterschlupf stehen. 3 Meilen lang, 20 bis 30 Meter tief, und mittendrin ein paar Inseln. Es dürfte schwer fallen, einen geeigneteren Ort zu finden, um sich vor den jähen Windstößen des Mistral zu flüchten, der hier zum Erliegen kommt. Am Ende der zwischen den Palmen ansteigenden Straße und in den kleinen Gassen der Fußgängerzone, in die unerbittlich die Sonne brennt, würde man eine Stecknadel fallen hören. Noch ist nicht Abend, sondern

*tarde,* die Stunde, da die Hitze einen zwingt, einen kühlen Ort aufzusuchen und sich der geheiligten Siesta hinzugeben. Noch sind auf den Tresen der Bodegabars keine Tapas serviert, ist nichts zu spüren vom lebhaften Treiben der langen spanischen Nächte. Genau am anderen Ende der Insel, in Ciudadela, herrscht fröhliches Chaos. Ein hübscher Ort, mit zahlreichen Zeugnissen aus der Vergangenheit wie den Schutzwällen und der gothischen Kathedrale, aber eben chaotisch – zumindest im Sommer. Außerhalb der Saison steht Ciudadela all denen offen, die dort in Ruhe segeln wollen, und das gilt auch für Mahon, Menorca, Mallorca und die

Balearen überhaupt. Für den Beginn dieser Zeit gibt es ein untrügliches Zeichen: die Schiffe mit englischer Flagge, da die Engländer bekanntlich etwas vom Reisen verstehen und viele von ihnen in diesen Breiten überwintern.

Wir Franzosen schenken diesem Archipel nicht die Aufmerksamkeit, die es verdient. Statt den Bug in Richtung Osten zu lenken in der Vorstellung, Horden von Touristen aus dem Norden Europas hätten aus den drei Hauptinseln ein ausgebranntes Urlaubszentrum gemacht, sollten wir uns lieber die Zeit nehmen, den Golfe du Lion in zwei oder drei strammen Segeltagen zu durchqueren (von Porquerolles aus 210 Seemeilen), um den Begriff *cala* in all seinen Schattierungen zu ergründen. Ihm begegnet man auf den Balearen auf Schritt und Tritt, und rein äußerlich handelt es sich um ein relativ einfaches Prinzip. Mit Ausnahme von Mallorca mit seinen steinigen Bergen zeichnen sich die Balearen durch Tafellandgebiet mit einer Vielzahl lang gezogener Einbuchtungen aus, in denen Platz für mehrere Fahrtenyachten ist. Wenn der Wind, je nach Wetter, von den Bergen herunterweht, bringt er warme, würzige Luft mit sich. Das Wasser ist dann ganz ruhig, kühl im Sommer und mild im Herbst, eine ideale Ankerstelle. Wechselt der Wind die Richtung und weht er vom anderen Ende her in die Cala, drehen sich die Schiffe, Kabbelwasser dringt ein, und es wird merklich kühler, denn die Luft kommt vom Meer. Dann ist es höchste Zeit, sich nach einer anderen Cala umzusehen. Und schon beginnt der teuflische Kreislauf einer Kreuzfahrt auf den Balearen. Von Mahon aus, der größten Cala, lernt man sie nämlich alle der Reihe nach kennen: Fornells, Alcaufa, Binibeca, Binisafulla, Porter, Macarella und etliche andere. Da es insgesamt sechzig solcher Calas gibt und Menorca mehr oder weniger die Form einer Bohne hat, ostwestlich orientiert und rund dreißig Meilen lang, steht man vor einer einigermaßen beachtlichen Aufgabe, deren Bewältigung sich unter Umständen über Jahre hinzieht. Allerdings findet sich immer eine Cala, die für die jeweiligen Tagesverhältnisse wie geschaffen ist, geschützt vor der Dünung und dem Wind, der bisweilen sehr kräftig ist und, wie im ganzen Mittelmeerraum, urplötzlich aufkommen kann. Schon Menorca allein ist also ein ausgezeichnetes Segelziel.

30 Meilen weiter, auf Mallorca, sind die Verhältnisse schon ganz anders. Die Insel ist größer, höher und unzugänglicher, beispielsweise an den hohen Steilfelsen von Cap Formentor. Palma ist ganz ohne Frage nicht von Interesse, es sei denn, man möchte Anfang August an der berühmten Copa del Rey teilnehmen, bei der der gesamte Gotha des internationalen Yachtsports zugegen ist, darunter

Calas reichen an den stark zerklüfteten Küsten der Balearen ins Landesinnere und sind ein idealer Standort für Freizeityachten. Was leider kein Geheimnis ist ...

auch einige Mitglieder der spanischen Königsfamilie. Allerdings liegt Palma so gut wie sicher auf dem Weg, denn dort sind der Flughafen, die Anlegestellen der Fähren, die Segelflotten der Chartergesellschaften und einige wunderbar ausgestattete Marinas, deren schönste der Real Club Nautico ist. Natürlich gibt es auf der Insel, deren Windmühlen sich in Nachtlokale verwandelt haben, viele Strände, an denen der Beton in die Höhe geschossen ist, ohne dass auch nur annähernd das Bewusstsein dafür vorhanden gewesen wäre, wie viel er zerstören könnte. Doch Mallorca ist groß genug, und folglich gibt es auch noch ausreichend schöne Plätze. Dazu gehört unbestritten die hohe, unzugängliche Westküste. Und auch an der Ostküste gibt es kleine Schätze wie die Bucht von Pollensa ganz im Norden, die man bei der Überfahrt von Menorca aus ansteuern kann.

Oder der winzige Ankerplatz von Es Calo nahe dem Cap Farrutx, oder die Calas, die sich entlang der gesamten Südost-Küste bis zum Cabrera-Archipel ihren Weg ins Landesinnere bahnen. Ankerplätze wie diese können außerhalb der Saison ausgesprochen angenehm sein, sie sind umgekehrt die Hölle im Sommer, wenn Wasserski, Disko und Nachbarn am Liegeplatz einem den Aufenthalt gründlich verleiden. Davon ist in Cabrera weit und breit nichts zu spüren. Gewiss muss man zu den Glücklichen gehören, die – auf schriftliche Anfrage beim Landwirtschaftsministerium und anschließender Geduldsprobe – die Erlaubnis erhalten, in diesem 1991 gegründeten Naturschutzpark, in dem so gut wie alles verboten ist (einschließlich Füttern der Fische), an einer Boje zu liegen. Bleiben darf man im Juli und August höchstens eine, im Juni und September zwei und den Rest des Jahres sieben Nächte. Ein genaues Studium der Karten ist in Mallorca also unverzichtbar.

**Im Sommer bestimmen thermische Brisen die Fahrten zwischen den Inseln.**

Das berühmte Ibiza entspricht zusammen mit seinem reizvollen Anhängsel Formentera in meteorologischer Hinsicht exakt den Verhältnissen im Landesinneren Spaniens. Hitze, ausbleibender Wind, karges Land sind hier verglichen mit den beiden großen Inseln weiter östlich eher die Regel. In der Hochsaison ist dies der reinste Hexenkessel. Dann verdoppelt sich die Zahl der zweiundsiebzigtausend Einwohner, die hier im Winter leben. Drei Häfen und Hunderte von Ankerplätzen, was einem genügend Spielraum lässt, auch wenn etliche der herrlichen Calas auf Ibiza heute von seelenlosen Bauten gesäumt werden, die nichts erkennen lassen, was auf Versuche einer Anpassung an die Landschaft schließen lassen könnte. Fern den Küsten dagegen ist die Insel noch relativ intakt. Man braucht also auch hier etwas Beharrlichkeit, um zu seinem Glück zu finden, und muss die Karten eingehend studieren, um sich sein Plätzchen zu suchen.

# Nützliche Tipps

### Die ideale Segelzeit

Auch hier sind die Monate Mai, Juni und September am schönsten, es blüht noch, die Temperaturen sind angenehm, und der Besucherstrom hält sich in Grenzen. Im Sommer herrscht günstiger Segelwind, während im Herbst, Winter und Frühjahr häufiger Störungen zu vermelden sind. Ziehen diese über Frankreich hinweg, rufen sie in der Regel den Mistral auf den Plan, der ohne weiteres bis Menorca reicht, seltener allerdings bis Mallorca, wo er eine deutliche Nordrichtung annimmt. Wenn das Zentrum des Tiefdruckgebiets über Südspanien liegt, sind Feuchtigkeit und Wolken die Folge, begleitet von Ostwind oder dem Schirokko, der Sand aus den nordafrikanischen Wüsten nach Norden trägt.

### Die Anreise

◆ Mit der Segelyacht: Gleich, ob man direkt von Toulon, Marseille, der Bucht von Aigues-Mortes anreist oder lieber entlang der Languedoc-Küste bis zum Cap de Creus fährt: Der Golfe du Lion darf nur dann überquert werden, wenn weder Tramontana (kalter Nordwind) noch Mistral im Anzug sind.

Während man bei der Hinfahrt eher auf der Windachse liegt, kämpft man auf dem Weg zurück vergebens mit Kurs am Wind. Bei Sturm wird der Golfe du Lion regelrecht gefährlich, mit grober See und durcheinander laufender Dünung. Im Sommer benötigt man ausreichende Treibstoffreserven, denn möglicherweise muss man die gesamte Strecke unter Motor zurücklegen. Vor Ort herrschen eher günstige Segelwinde.

◆ Mit dem Flugzeug: Das ganze Jahr über bieten Lufthansa, die Iberia und etliche Charterfluggesellschaften Flüge nach Mallorca an, mit deutlich erhöhter Frequenz zur Urlaubszeit.

◆ Mit der Fähre: Bis Barcelona (eventuell auch bis Valencia) kann man mit dem Auto oder Zug (oder auch mit dem Bus) reisen, um von dort mit der Fähre nach Menorca oder Mallorca überzusetzen. Im Sommer gibt es auch Verbindungen ab Sète. Eine Reservierung ist dringend zu empfehlen, wenn man mit dem Auto unterwegs ist, und natürlich erst recht mit zusätzlichem Schiffsanhänger.

### Notizen für das Logbuch

◆ Währung: Peseta (100 Pesetas = 1,18 DM/0,60 Euro).

◆ Entfernungen: Marseille – Menorca: 200 Seemeilen; Porquerolles – Menorca: 210 Seemeilen; Cap de Creus – Menorca: 140 Seemeilen; Barcelona – Mallorca (Cap Formentor): 100 Seemeilen; Menorca (Hafen von Mahon) – Mallorca (Hafen von Colom): 60 Seemeilen; Palma – Ibiza: 70 Seemeilen.

◆ Die *vendavales* sind Winde aus südwestlicher Richtung, die in den Durchfahrten zwischen den Inseln entstehen.

◆ Die *llevantades* sind in der Regel kalte Winde aus nordöstlicher Richtung, die entlang der spanischen Küste wehen.

### Empfehlenswert

◆ Ciudadela an der Ostküste Menorcas.

◆ Die Felsbucht von Fornells.

◆ Tapas als Vorspeise, Fisch in jeder Zubereitung und natürlich Paella.

◆ Langustenragout, eine Spezialität vor allem auf Menorca und dort besonders zu empfehlen in der Cala von Fornells.

◆ *Pa amb oli* (Brot und Öl) zu jeder Tageszeit oder *hijono de mar* (Meerfenchel) und natürlich *vino tinto,* ein Wein, der in allen Variationen von Hell- bis Dunkelrot, von leicht bis sirupartig zu haben ist.

# Kroatien

## Der Archipel der Erneuerung

Seit der Krieg beendet ist, sind die Bemühungen, Segelfreunde an die dalmatinische Küste zu locken, größer denn je. Enorme Anstrengungen werden unternommen, und die Investionstätigkeit ist hoch: Neue Yachthäfen, Flotten von Charterschiffen jüngeren Datums, hochklassige Regatten – man tut viel, um für das Litoral mit seinen zahlreichen Vorzügen zu werben und den pittoresken Charme doch zu wahren. An der dalmatinischen Küste herrscht ein mildes und angenehmes Klima. Die Geschichte ist allgegenwärtig, wozu nicht nur die zahlreich vorhandenen Spuren der Römer beitragen, sondern vor allem starke venezianische Einflüsse. Die Küsten fallen meist steil ab, das Wasser ist klar und im Sommer warm, es gibt, wenn überhaupt, nur schwache Strömungen, und die Natur hat diese Gegend, gemeinhin »die tausend Inseln« genannt, mit einer außerordentlichen Vielfalt ausgestattet. Steilfelsen, Schluchten, Wasserfälle, grüne Inseln, Pinienwälder, die im Sommer ungeahnt heiß werden und wo die Zikaden herrliche Konzerte geben, kleine Buchten, schleifenförmige Kanäle und etliche Flüsse folgen auf über 200 Seemeilen aufeinander. Und es gibt so einzigartige Orte wie Dubrovnik im äußersten Osten dieses Segelreviers.

**Dubrovnik, das komplett wieder aufgebaut wird, ist auf dem besten Weg, sein unvergleichliches Ambiente wieder zu finden *(linke Seite).* So wie hier wird überall an der kroatischen Küste, die aus dem gesamten Mittelmeerraum hervorsticht, nach Kräften an der Wiederherstellung der Normalzustände gearbeitet.**

Herrscht keine Flaute, ist der Wind wechselweise schwach, gemäßigt oder sehr kräftig, wenn die Bora (Nord-Nordost) oder der Mistral weht (West-Südwest). Wegen der vielen nahe gelegenen Inseln kann man sich jedoch ständig in ruhigem Gewässer aufhalten, weswegen sich Tagesausflüge unbedingt anbieten. Liebhaber einsamer Ankerplätze werden genauso zufrieden sein wie diejenigen, die die Nächte lieber an einem gesicherten Platz am Kai zubringen. Die Chancen für einen gelungenen Segeltörn stehen hier also mehr als gut.

Die normale Fahrtenroute verläuft von Norden nach Süden. Der übliche Starthafen befindet sich in Pula, das in einer sehr geschützten Reede liegt. Eine weitere Möglichkeit ist Zadar, ein historischer Ort von diskretem Charme mitten in der idyllischsten Gegend Dalmatiens. Hier kann man in aller Ruhe nach einem wilden Ankerplatz im schroffen, den Kykladen ähnelndem Kornati-Archipel Ausschau halten,

bevor man sich mit Šibenik einem Zwischenstopp nähert, den man keinesfalls auslassen
sollte. Dieses Dorf, das mit seinen kleinen, mit
Ziegeln gedeckten Häusern sehr mediterran
wirkt, liegt an einer stark zerklüfteten Küste. Ab
hier kann man dem Lauf des Flusses Krka
folgen, der einen durch eine teils karge, teils be-
waldete Landschaft bis zur Marina von Skradin
führt, wo in Form eines 36 Meter hohen
Wasserfalls die nächste Überraschung wartet.
Nimmt man erneut Kurs auf Süden, hält man
sich an die Festlandsküste mit ihren begrünten
Uferstreifen oder wählt die wilderen Inseln, auf
denen sich lauter kleine, ruhige Fischerhäfen
befinden. Auf jeden Fall aber muss die Route
über die Insel Korčula und den untrennbar mit
Marco Polo verbundenen gleichnamigen Ort
führen, von dem es heißt, der Seemann sei dort
geboren; wahrscheinlicher ist jedoch, dass er
zur Zeit der venezianischen Herrschaft dort
gefangen genommen wurde.

**Wegen der unzähligen
vorgelagerten Inseln
bewegt man sich ent-
lang der gesamten
kroatischen Küste in
geschütztem Gewässer.**

*Rechte Seite:*
**Die kleine Stadt
Korčula, ein herrlicher
Zwischenstopp an der
Südseite des dalma-
tinischen Archipels.**

In Split, einem weiteren Segelziel, befindet sich
der Palast von Kaiser Diokletian. Unmittelbar
hinter dem Bug zeichnet sich die Nordküste der
Insel Brač ab, die Gelegenheit für mehrere herr-
liche Zwischenstopps bietet: Pojvla, das am
Ende einer Felsbucht liegt, Pucisca mit seinen
Marmorhäusern aus dem 16. Jahrhundert und
Milna, das eine byzantinische Kirche besitzt.
Etwas weiter auf der Insel Hvar ragen zwei
Türme aus der Zitadelle hervor, an denen die
Löwen des Heiligen Markus prangen; die
Festung liegt an einem mit weißem Marmor
gepflasterten Platz. Es folgt Trogir, eine
wahrhaft museale Stadt, in der Spuren der
griechischen, römischen, sarazenischen und
venezianischen Zivilisation zu finden sind, die
alle einmal über den Mittelmeerraum ge-
herrscht haben. Kroatien, so viel steht fest, ist
ein Land mit lauter unberührten Schönheiten
und einer für den Segelsport maßgeschnei-
derten Küste.

# Nützliche Tipps

### Die ideale Segelzeit

Von April bis Oktober, also mindestens gut die Hälfte des Jahres, ist die kroatische Küste klimatisch angenehm. Da sie relativ nah liegt, kann man beispielsweise zur Blütezeit im Mai ein Feiertagswochenende zum Anlass für einen einwöchigen Segeltörn nehmen. Im Sommer herrscht mäßiger Wind, und bei Flaute ist es sehr heiß, dafür hält sich der Urlaubsbetrieb selbst im Juli und August in Grenzen – weit entfernt von der Betriebsamkeit an den Küsten Spaniens, Italiens oder Griechenlands.

### Die Anreise

◆ Mit der Segelyacht: Vor Ort kann man problemlos ein Schiff chartern, da die großen Bootsverleiher seit 1997 ihre Flotten in den wichtigsten Segelzentren wie Split oder Zadar ständig erweitern. Für Schiffseigner besteht die Möglichkeit einer Überführung auf dem Hinweg über die Strecke Korsika – Sardinien – Äolische Inseln – Messina – Kroatien und auf dem Rückweg entlang den Inseln der italienischen Küste (etwa 3000 Seemeilen).
◆ Mit dem Auto: Autobahn bis Triest.
◆ Mit dem Flugzeug: Nach Split oder Ljubljana.

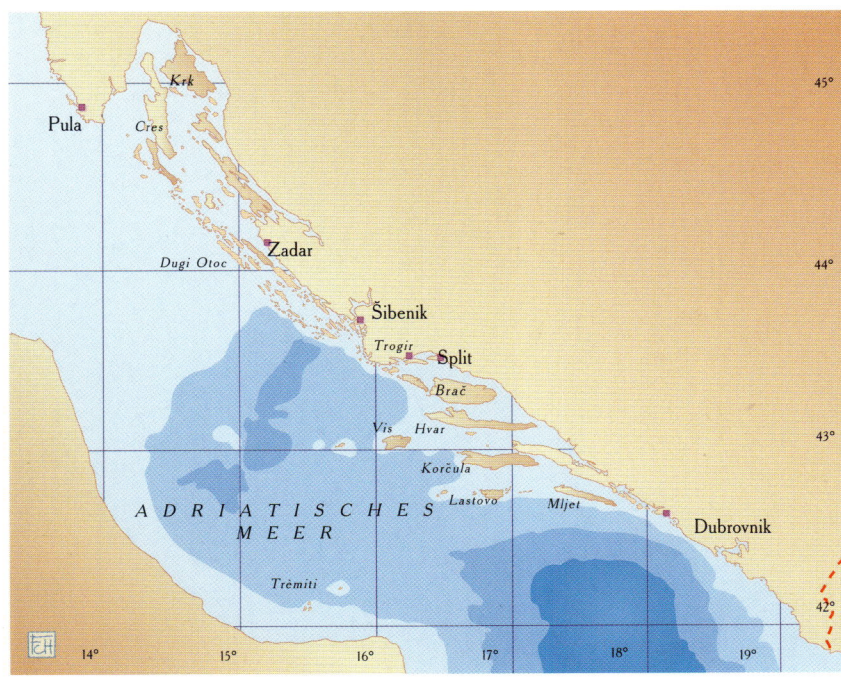

### Notizen für das Logbuch

◆ Im dalmatinischen Archipel herrscht im Sommer im Durchschnitt zu 19 % Windstille.
◆ Währung: Kuna (10 HRK = 2,33 DM / 1,19 Euro).
◆ Die Bora, ein kräftiger Fallwind, geht auf zwei Wetterphänomene zurück: Antizyklone, die von Ost-Nordost bei klarem Himmel kalte, trockene Festlandsluft aus Mitteleuropa heranführen, oder Zyklone bei gleichzeitigem Tiefdruckgebiet über Süditalien, das aus Nord-Nordost Luftfronten und wolkenreichen Himmel regelrecht ansaugt.

### Empfehlenswert

◆ Dubrovnik, auch wenn es im Krieg von 1991 stark zerstört wurde; die Wiederaufbaumaßnahmen sind überall im Gang.
◆ Korčula.
◆ Šibenik.
◆ Trogir in der Nähe von Split.
◆ Die Insel Hvar: ein Waffenarsenal aus dem 17. Jahrhundert, eine Barock-Kathedrale und Renaissance-Häuser aus dem 15. Jahrhundert.
◆ Der Kornati-Archipel.

# Griechenland
## Unter der Herrschaft des Meltemi

Bevor man nach Griechenland aufbricht, sollte man sich darüber klar sein, dass man nur Bruchteile von dem wird sehen können, was diese Region an Historie und Schönheiten zu bieten hat. Die vielen verschiedenen Gegenden auf dem Festland und der ägäischen Inselwelt, die einander an Sehenswürdigkeiten überbieten, sind so mannigfaltig, dass Bewunderer der ägäischen Kultur (die auf Kreta minoisch heißt – nach dem König Minos) nur zwei Möglichkeiten haben: sich damit abzufinden oder dazubleiben! Die Qual der Wahl stellt sich auch für den Segler auf Schritt und Tritt: bei der Entscheidung für den Starthafen, die Route, die Jahreszeit und sogar das Schiff, denn in den mittlerweile etwa dreißig griechischen Marinas stehen über zweitausend Chartersegelschiffe zur Verfügung. Ein Heer von Bootsverleihern bietet alle erdenklichen Möglichkeiten von der neuesten, in der Regel in Frankreich hergestellten Fahrtenyacht über das traditionelle Kajütboot mit einheimischer Besatzung bis hin zu Luxusyachten und anderen Charterschiffen mit internationaler Crew.

Bei der Wahl der Route ist man vor ähnliche Probleme gestellt: Es gibt die Möglichkeit eines kurzen Törns von einer Woche mit Start in Athen, eine erste Kontaktaufnahme, die einen

Von den ruhigen Gewässern Korfus im Ionischen Meer (*linke Seite:* die Kirche von Podikonissi) bis Hydra im Saronischen Golf bietet Griechenland eine Vielzahl abwechslungsreicher Segelziele – kaum ein Land eignet sich besser für Kreuzfahrten.

entlang den Inseln des Saronischen Golfs führt. Am bekanntesten – und am meisten besucht – sind Ägina, Hydra und Spetsai. Man kann an der Adriaküste bleiben und sich an den Blütendüften Korfus, Ithakas und Kefallinias berauschen, Inseln, die grüner und feuchter sind als die Inseln der Ägäis. Man kann in den eher kargen Golf von Korinth vorstoßen, dessen Gewässer sich nur selten kräuseln, und abgeschiedene Dörfer wie Galaxydi oder Itea entdecken, von wo aus man mit dem Taxi den phantastischen Ausgrabungsort von Delphi bequem erreicht. Wenn man nach einigen Dutzend Seemeilen wieder Kurs auf Athen nimmt, passiert man den Isthmus von Korinth zwischen Kontinent und Peloponnes.

Für erfahrenere Segler sind die Kykladen das höchste Ziel, das man im Hochsommer allerdings wegen der heftigen und anhaltenden Böen des Meltemi meiden sollte. Bei Windstärke 7 oder 8 ist Segeln nur selten vergnüg-

falls wird er zusätzlich an der Geländeoberfläche der Inseln abgelenkt und eventuell beschleunigt. Er sorgt für heftiges Kabbelwasser in den engen Kanälen. Nur wenige Seemeilen trennen die wie auf einer Perlenkette aneinandergereihten Kykladeninseln. Dennoch ist in den für gewöhnlich geschützt liegenden Häfen ein gewisses Maß an Einfallsreichtum gefragt, wenn es gilt, zwischen Fischerbooten, Anlegestellen der Fähren und unterschiedlichsten Segelyachten einen Platz zu ergattern.

Noch weiter südlich verströmt der mit der Türkei flirtende Dodekanes (griechisch »Zwölfinseln« – die Inselgruppe zählt zwölf größere Inseln und mindestens vierzig kleinere) bereits ein leicht orientalisches Flair. Eindrucksvoll belegt die Architektur auf der Hauptinsel Rhodos, die von gotischen Bögen im venezianischen Stil über mittelalterliche Festungen bis hin zu muslimischen Minaretten reicht, dass dies seit jeher ein Pol verschiedenster, am Meer angesiedelter Zivilisationen war. Zwei Schritte von Kleinasien entfernt findet sich im Freihafen von Rhodos, der Hauptstadt im Norden der Insel, das Beste, was Griechenland zu bieten hat, was den Ort allerdings auch zum Anziehungspunkt für unliebsame Erscheinungen des Tourismus macht. Nach einer überaus hektischen Sommerperiode kehrt erst in der Nebensaison wieder Ruhe ein. Segelfreunde entscheiden sich in der Regel für die weiter nördlich gelegene, hübsche Insel Symi und nutzen Rhodos als willkommenen Starthafen für einen Inseltörn zwischen Griechenland und der Türkei.

Hält man südlichen Kurs, gelangt man zu dem unaufdringlicheren, authentischeren, aber nicht minder gastfreundlichen Kreta, das mit hohen, nicht selten eingeschneiten Berggipfeln auch mehr Abwechslung bietet. Kreta gehörte nie zu den ganz großen Wassersportgebieten, nicht zuletzt, weil sein Tafelrelief zuweilen stür-

## Die Odyssee

Der griechische Held Odysseus, sagenumwobener König Ithakas und Hauptfigur in der Dichtung Homers, war ein schlauer Krieger, auf den die List vom Trojanischen Pferd zurückgeht. In vierundzwanzig Gesängen berichtet die *Odyssee* von seinen Irrfahrten und der Heimkehr nach Ithaka (im Ionischen Meer). Nach einem Aufenthalt im Gebiet der Lotophagen (Nordafrika, möglicherweise Libyen) und Kyklopen gelangte er auf die Insel der Zauberin Kirke, wusste die Gefahren von Charybdis und Skylla zu umgehen (die Strömungen in der Straße von Messina oder in der Meerenge zwischen Lefkas und Festland) und kreuzte im Meer der Sirenen, bevor er sieben Jahre von der Nymphe Kalypso auf der Insel Ogygia festgehalten wurde. Von dort verschlug es ihn in die Berge von Scheria, der Insel der Phäaken, nachdem er »achtzehn Tage mit dem großen Bären zur Linken« gesegelt war. Die Bestimmung der genauen Route ist auch heute noch Gegenstand zahlreicher Kontroversen. Die Wahrheit erfährt wohl nur, wer mit der Odyssee im Gepäck eine Reise durch das Mittelmeer antritt ...

lich. Darauf müssen Waghalsige, die im Sommer die Ägäis durchstreifen, gefasst sein. Der Meltemi ist keine Täuschung. Heiß und trocken pfeift er bei wolkenlosem Himmel möglicherweise über Tage hinweg und schwächt sich höchstens nachts einmal ab. Er steht in Verbindung mit einem im Juli und August vorherrschenden Tiefdruckgebiet über Kleinasien, was ihn besonders hartnäckig macht. Schlimmsten-

**Oben:**
**Die Insel Kalymnos des Dodekanes.**

mische Winde hervorruft. Wer noch mehr Einsamkeit liebt, steuert die nur spärlich besiedelten, weiter nördlich gelegenen Sporaden an; die Böen des Meltemi dringen seltener bis hierher vor, dafür brennt die Sonne unerbittlich. Dem Segler stellt sich Griechenland nicht immer mit dem freundlichen Antlitz dar, das in

*Oben:*
**Der Strand von Aghios Sostis auf Mykonos in den Kykladen.**

*Unten:*
**Fischer in der Nähe von Poros im Saronischen Golf.**

Reiseführern so oft beschworen wird. Wegen der von der Oberfläche des Landes und den hohen Sommertemperaturen geprägten thermischen Verhältnisse kann mehrere Tage lang äußerste Ruhe mit Aussicht auf drückende Hitze herrschen, bevor ein vollkommen unvorhersehbarer, kurzer und heftiger Sturm auftritt. Doch nicht nur lokale Windsysteme können einen Aufenthalt schwierig gestalten. Wasser ist ein rares Gut, besonders auf den Inseln, wo der Bedarf während der touristischen Hauptsaison zuweilen stark ansteigt und nur mit großem Versorgungsaufwand befriedigt werden kann. Es wird dann häufig rationiert, manchmal sogar ganz abgestellt, und jenseits der großen Inseln kann es mühsam werden, die Versorgung für Yachten sicherzustellen. Deshalb ist Sparsamkeit oberstes Gebot und ein in dieser Hinsicht weitestgehend unabhängiges Schiff unbedingt von Vorteil.

mermonaten verblüffen die Griechen immer wieder mit ihrer Einfachheit und Echtheit. Was die lokale Küche und das Angebot in den Restaurants angeht, wäre der Begriff Gastronomie wohl etwas zu hoch gegriffen: Souflaki, Lammbraten, Oktopussalat und griechischer Salat mit Tomaten und Feta (Schafkäse). Alles wird mit Olivenöl zubereitet, was ein unbedingter Pluspunkt ist! Als Aperitif gibt es überall den nach Anis schmeckenden Ouzo, nach dem man zum Retsina, einem einfachen weißen Trinkwein übergeht, dessen harzigen Geschmack man allerdings mögen muss. Im Restaurant ergreife man die Initiative und treffe seine Wahl höchstpersönlich in der Küche, was natürlich auch die Kontakte erleichtert ...

Und an jedem Ankerplatz das herrliche Licht, blaues Meer, schneeweiße Kapellen. Zwar sieht man anstelle von Esel und Maultier, die auf jedem Reiseprospekt prangen, oft nur japanische Geländewagen. An etlichen Buchten und Stränden, die auf den ersten Blick abgeschieden wirken, stolpert man über Plastikmüll und Metallbüchsen. Doch wie sollte Griechenland von den Auswüchsen des modernen Lebens verschont bleiben, zumal es am Mittelmeer liegt, einem geschlossenen Meer mit nur geringer Strömung? Auf der anderen Seite trifft man in Griechenland vielleicht, wenige Schritte von einer kleinen Bucht entfernt, auf einen Hirten, der dort seine Lämmer weiden lässt, und sieht neben dem, was üblicherweise auf einer Wäscheleine hängt, auch schon mal einen Oktopus trocknen. Und wenn man sich auf dem Weg zu einem alten Tempel an schier unzähligen Stufen abgemüht hat und das Ergebnis einen über alle Maßen entlohnt, darf man sich auf dem Rückweg bereits auf einen kühlen Ouzo freuen, der im Schatten einer Terrasse Erfrischung bringen wird. Griechenland – ein Land für die Ewigkeit.

Griechenlands Vielfalt geht jedoch auch mit einigen verlässlichen Merkmalen einher, die das Land zu einem der angenehmsten Segelziele machen. Da wäre zunächst die allgegenwärtige Geschichte. Irgendwann kommt unweigerlich der Moment, da man sich für Odysseus hält! Jede Insel wartet mit ihrem Teil der hellenischen Legende auf, allenthalben trifft man in diesen kargen, vom Wind heimgesuchten Archipelen auf ein Monument, das an die Ursprünge unserer heutigen Welt erinnert. Die griechische Gastfreundschaft kann gar nicht genug hervorgehoben werden. Angesichts des ungeheuren Touristenandrangs in den Som-

**Der Dodekanes: Die Ruinen der Kathedrale von Aghios Stephanos auf Kos** *(oben).*
*Rechte Seite:*
**Der Ankerplatz von Lindos auf Rhodos.**

# Nützliche Tipps

### Die ideale Segelzeit

Mai, Juni und September gelten uneingeschränkt als gute Segelmonate. Im Juli und August ist es sehr heiß, sehr windig (vor allem auf den Kykladen), und überdies herrscht Hochbetrieb. Sechs Monate im Jahr ist das Klima in Griechenland angenehm, blauer Himmel die Regel. Der Winter ist mild und feucht, manchmal sehr windig mit Nord- oder Südwinden.

### Die Anreise

◆ Mit der Segelyacht: Einen Aufenthalt in Griechenland kann man mit einer Anreise als Kreuzfahrt oder Überführung verbinden, in deren Verlauf man nacheinander Korsika, die Äolischen Inseln und die Straße von Messina ansteuert, bevor man das Ionische Meer durchquert. Man kann auch vor Ort ein Schiff chartern oder das eigene für mehrere Segelsaisons dort liegen lassen.

◆ Mit dem Flugzeug: Von allen europäischen Großstädten aus bieten sämtliche Fluggesellschaften zahlreiche Flüge nach Athen oder auf die am meisten besuchten Inseln wie Korfu, Rhodos oder Mykonos an. Mit Olympic Airways erreicht man die kleineren Inseln.
◆ Mit der Fähre: Die Möglichkeit, sein Schiff zu einem entfernteren Startpunkt bringen zu lassen, besteht immer. In dem Fall erreicht man die fragliche Insel mit der Fähre. Wie oft und wie regelmäßig die Verbindungen sind, ist auf allen griechischen Inseln immer auch eine Frage des Zufalls beziehungsweise der Investition.

### Notizen für das Logbuch

◆ Währung: Drachme
(1000 Drachmen = 6,70 DM/3,42 Euro).
◆ Zeitverschiebung: + 1 Stunde.
◆ Entfernungen:
Athen – Hydra: 50 Seemeilen;
Rhodos – Santorin: 200 Seemeilen.
◆ Südlich des Peloponnes am Kap Maleas und am Kap Matapan (Tánaron) geht oft ein kräftiger Wind.
◆ Jede Branche hat eigene Arbeitszeiten und verschiedene freie Wochenarbeitstage.
◆ Verband der Bootsverleiher, 36 Odos Akionis, Athen – Tel.: 982 71 07.
◆ Das Chartern von Schiffen unter fremder Flagge ist in Griechenland untersagt.

### Empfehlenswert

◆ Hydra im Saronischen Golf, wo anstelle von Autos Esel und Maultiere unterwegs sind.
◆ Galaxydi oder Itea im Golf von Korinth, von wo aus man Delphi besichtigt.
◆ Palaia Epídhavros im Saronischen Golf unweit der Ausgrabungsstätten Epidauros, Mykenä und Tiryns.
◆ Mykonos, von wo aus man Delos erreicht, an dessen Küsten strenge Vorschriften gelten.

◆ Nauplia, der nächst gelegene Hafen bei Argos, und seine bewegte Geschichte.
◆ Ithaka im Ionischen Meer – eine Pilgerfahrt.
◆ Symi im Dodekanes.
◆ Skopelos, Kyria Panaghia, Alonisos in den Nördlichen Sporaden.
Die Liste ließe sich beliebig fortsetzen . . .

*Rechte Seite:* **Symi unmittelbar vor Rhodos ist ruhiger als ihre namhafte Nachbarin und ein von Segelfreunden geschätzter Flecken.**

# Die Türkei

## Schnittpunkt der Zivilisationen

örten man dem Schäfer zu, der, während er im Schatten eines Olivenbaums ein Angelnetz flickt, in rudimentärem Englisch von seinem Leben erzählt, seinen Hoffnungen, davon, wie glücklich er mit den einfachen Dingen ist, dann hat man bereits einen guten Eindruck von den Schätzen, die die Türkei bereithält. Ein Häuschen aus purem Stein, ein blühender Rosenstock, zwei Hühner, drei Ziegen, ringsum Macchia, ansonsten wenig, aber viel Gefühl. In einer verlassenen Bucht, fernab von allem, eine moderne Segelyacht. Ein Teil der Crew badet, der Rest hat sich aufgemacht, um das Dorf zu besichtigen, das eine halbe Stunde Fußmarsch entfernt in den Hügeln liegt. Am Abend macht der Schäfer ein Feuer, setzt sich auf einen Stuhl und opfert zur Feier des Tages eines seiner Hühner, und ganz sicher wird dies der schönste Abend der gesamten Kreuzfahrt. Am Vorabend haben die Segler andernorts noch wohl erhaltene Zeugnisse der Vergangenheit bestaunt, und am Tag darauf werden sie sich möglicherweise an einem ruhigen Ankerplatz am Fuße eines Olivenhains, der sanft über ihnen ansteigt, wieder finden und kleine Fische verspeisen, die sie von einem vorbeiziehenden Fischer gekauft haben.

**Kajütboote, am Fuß von Olivenhainen festgemacht, sind typisch für die türkische Küste, an der auch ein so beeindruckender Anblick wie der der Gräber von Kaunos (*linke Seite*) keine Seltenheit ist.**

Typisch auch jene Besatzung eines Kajütbootes, die trotz schwierigster Segelbedingungen unbeirrt in ausgebeulten Töpfen und Pfannen rührt und Gerichte zubereitet, die es seit Urzeiten zu geben scheint und die im Wesentlichen aus gegrilltem Lamm, Auberginen, Tomaten, Oregano und Olivenöl bestehen. Traditionelle Boote sind hier noch sehr verbreitet, und man kann sie ohne weiteres chartern. Nach einer ersten Kreuzfahrt in der Türkei an Bord eines normalen Schiffes stellt sich nämlich sicher die Frage, ob man sich für den nächsten Törn nicht lieber ein solches Kajütboot nimmt. Mit diesen lackierten und äußerst behaglich eingerichteten Kiefernholzbooten übersteht man wegen des soliden Motors leicht jede Flaute. Die gehissten Segel unterstützen hier weniger die Vortriebskraft des Bootes, sondern dienen vor allem dazu, die Schlingerbewegungen zu dämpfen. Die Männer an Bord jedenfalls sorgen dafür, dass es einem an nichts fehlt, bis hin zur

weißen Tischdecke und dem Silberbesteck, vom Sonnensegel zur Mittagszeit – mit anschließender Siesta – ganz zu schweigen.

Die Türkei – das ist auch jener lange, regungslose Golf, den man zwischen pinien- und macchiabedeckten Hügeln langsam durchfährt, lange Arabesken hinter sich lassend, die zu den einsamen Ufern hin verlaufen, ohne vom Kielwasser eines anderen Schiffes gekreuzt zu werden. Oder das Fischerboot, in dem er gemächlich die Ruder bewegt, während sie das Netz zurechtlegt und ihre traditionelle Kleidung daran erinnert, dass man sich hier vor den Toren Kleinasiens befindet. Die Türkei ist auch in jenen halb versunkenen Überresten enthalten, die einem wieder ins Bewusstsein rufen, dass vieles, was heute existiert, hier am Schnittpunkt von griechischer und syrischer Zivilisation seinen Ursprung hat. Wie das benachbarte Griechenland, ist die Türkei der ideale Ort für eine kulturell anspruchsvolle und physisch gut zu bewältigende Reise.

Zwei oder drei Dinge sollte man beachten, wenn man sich aufmacht in das Land von Tausendundeiner Nacht. Die Natur hat es großzügig bedacht und mit einer herrlich grünen, flussreichen, im Hinterland bergigen Landschaft ausgestattet, die so fruchtbar ist,

**Mediterrane Milde, lebhaftes Treiben an den Küsten und außergewöhnliche Landschaften wie in der Bucht von Ölü Deniz *(rechte Seite)* machen die Türkei zu einem rundherum reizvollen Segelziel.**

dass es zu den wenigen Plätzen auf der Welt gehört, wo die Bevorratung keine Probleme bereitet. Das Litoral reicht extrem weit und ist abwechslungsreich; umspült wird es vom Schwarzen, dem Ägäischen und nahe der syrischen Grenze vom Mittelländischen Meer. Istanbul – das einstige Konstantinopel und vorher Byzanz – beherrscht die Dardanellen und den Bosporus, die weltweit zu den maritimen Hochburgen gezählt werden. Der Teil der Küste, der für gewöhnlich bei Kreuzfahrten aufgesucht wird, stellt nur einen verschwindend kleinen Teil dar; allerdings handelt es sich um das am stärksten zerklüftete und beeindruckendste Gebiet, weitaus geschützter vor dem Meltemi als viele benachbarte Inseln in der Ägäis. Und schließlich sei noch bemerkt, dass man bei einer Reise in die Türkei unbedingt ein paar Tage einplanen sollte, an denen man im Inland so namhafte Stätten wie Pergamon (Zentrum der hellenistischen Kultur, heutiges Bergama), Ephesos (glanzvolle Weltstadt der Antike mit bedeutenden Bauten aus der hellenistisch-römischen Epoche), die natürlichen Schwimmbecken in den Kalkterrassen von Pamukkale oder die Mondlandschaft von Kappadokien aufsucht. Unabdingbar ist zu diesem Zweck ein geschichtlicher Führer, der Aufschluss darüber gibt, was genau sich in diesem Teil der Welt über die Jahrhunderte zugetragen hat.

Die drei Starthäfen sind Kuşadası, Bodrum und Marmaris. Der natürliche Landepunkt bei der Anreise mit dem Flugzeug ist Izmir, das man, obwohl es nur die drittgrößte Stadt der Türkei ist, wegen seines überaus betriebsamen internationalen Flughafens und der Öffnung zum Westen hin allerdings durchaus für die Hauptstadt halten könnte.

Bei Kuşadası, dessen jüngst errichtete Marina unweit von Ephesos und Bodrum liegt, ist der Golf von Güllük das wichtigste Segelrevier.

Allerdings ist die Hafenanlage durch einige Neubauten und Feriendörfer in Mitleidenschaft gezogen. Unmittelbar vor der griechischen Insel Samos dagegen gibt es herrliche Strände.

Südlich von Bodrum beginnt die Gegend, in der sich die Hälfte der gesamten Freizeitsegelflotte tummelt. Von allen Küstenstädten ist das befestigte Bodrum die authentischste, ihr Markt mit Abstand der exotischste und lebendigste. Windmühlen im Umland, schöne, weiß gestrichene Häuser und Palmenalleen haben diesem alten Fischerdorf, das sich inzwischen zu einem Modeort für Türken, einem geschäftigen Hafen im Herzen des Schwammtauchgebietes, einem idealen Reiseziel und einem gut ausgestatteten Yachthafen mit zahlreichen Chartergesellschaften entwickelt hat, nichts von seinem Charme genommen.

Von Bodrum aus (das übrigens an der Stelle des antiken Halikarnassos liegt) hat man Zugang

zum Golf von Gökova, einem eigenständigen Segelziel, in dem man hinreichend beschäftigt wäre, würde man jeden Ankerplatz der Halbinsel Datça anfahren. Am Abend rundet man den Aufenthalt bei einem *oğlak çevirme* (auf Holzkohle gegrilltes Zicklein) in einem der einladenden Restaurants an der Bucht von Değirmen Bükü ab.

Bricht man in Marmaris zu einem einwöchigen Törn auf, ist die Auswahl noch größer. Bei Kurs gen Süden landet man im Golf von Fethiye, wo sich wie in einer Goldgrube unter freiem Himmel die paradiesischsten Flecken auftun. Darunter ein Ankerplatz, von dem aus man in nur einer Seemeile Entfernung (mit dem Taxi-Boot) die faszinierenden Höhlengräber von Kaunos besichtigen oder, ein wenig weiter, die Heilkraft von Schlammbädern auf sich wirken lassen kann. Es folgen größere und kleinere Buchten, karge und solche mit Olivenbäumen,

Pinien oder Heide. An dieser Küste wechseln nackter Fels und Talausläufer, in denen einzelne Bäche eine ganze Pappelzeile am Leben erhalten. Innerhalb von vierundzwanzig Stunden erreicht man Kekova und den gleichnamigen Archipel, von wo aus man etappenweise wieder nach Marmaris zurückkehrt.

Man kann sich aber auch umgekehrt von Insel zu Insel – überwiegend griechische, aber äußerst lohnende Ziele, die zeitlich gut geplant werden sollten – in Richtung Norden bewegen, dem Golf von Güllük zu, und den Rückweg nach Marmaris in einem Stück zurücklegen. Hat man dann noch ein bisschen Zeit, bietet sich im Osten Antakya an, an der Grenze zu Syrien, wohin es nur recht wenige Freizeityachten verschlägt.

*Oben:*
**Bodrum –**
**eine einmalige Stadt.**

Natürlich liegt es nahe, bei einem Segeltörn in dieser Gegend sich einige segelfreie Tage zu gönnen und diese auf griechischen Inseln zu verbringen. Immer nur wenige Seemeilen voneinander entfernt, beispielsweise auf Kos, Symi oder Rhodos, kann man die einmaligen Schätze, die Natur und Kultur in dieser Region bereithalten, auf sich wirken lassen.

118

# Nützliche Tipps

### Die ideale Segelzeit

Heiße Sommer und milde Winter. Von Mai bis September steht den Segelfreuden in kristallklarem Wasser nichts entgegen. Im Frühjahr und Herbst kommt der Wind aus wechselnden Richtungen, im Sommer weht er wegen der thermischen Brisen gleichmäßiger. Nebel kann man fast ausschließen, doch nicht selten ist es diesig infolge der Hitze.

### Die Anreise

◆ Mit der Segelyacht: Sollte man in der glücklichen Lage sein, etwa von Frankreich oder Italien aus eine Kreuzfahrt quer durch das Mittelmeer zu machen, so bildet die Türkei den krönenden Abschluss. Nonstop beträgt die Strecke 1300 Seemeilen, doch es wäre ein Sakrileg, unterwegs nicht Halt zu machen. Große Bootsverleiher haben Vertretungen in Kuşadası, Bodrum oder Marmaris, drei Häfen, zwischen denen man unter Umständen auch One-Way-Törns unternehmen kann. Zu den modernen Segelschiffen bieten die Charterfirmen mit den traditionellen Kajütbooten, die über 20 Meter lang sein können, eine originelle Variante.

Im Allgemeinen geht ein schwacher oder gemäßigter Wind, der Meltemi hat eher an den Küsten des Ägäischen Meeres das Sagen und weniger in der Region südlich von Marmaris. In den Tiefen der Meeresbuchten wird das Segeln manchmal durch Kabbelwasser beeinträchtigt, hervorgerufen durch Meeresbrisen, die abends allerdings wieder nachlassen. Der vorherrschende Wind kommt aus West. Vor einer Kreuzfahrt, bei der man allzu häufig zwischen griechischen Inseln und türkischer Küste hin und her pendelt, nehme man sich in Acht: Der Preis für die Abwechslung zwischen den beiden seit langem feindlich gesinnten Ländern sind sehr zeitaufwendige und zuweilen etwas spitzfindige Formalitäten.

◆ Mit dem Flugzeug: Am bequemsten sind die Flughäfen von Izmir und mittlerweile auch Bodrum, die von zahlreichen Fluggesellschaften per Linienflug angesteuert werden; in der Urlaubszeit gibt es eine große Auswahl an Charterflügen. Eine weitere Möglichkeit ist die Anreise von Rhodos aus.

◆ Mit dem Zug oder Auto: Viel Glück!

### Notizen für das Logbuch

◆ Währung: Türkische Lira (200 000 TRL = 1,12 DM/0,57 Euro).

◆ Zeitverschiebung: Im Winter + 1 Stunde, im Sommer + 2 Stunden.

◆ Das traumhafte Ölü Deniz, das in sämtlichen Reiseführern erwähnt wird, ist seit 1983 nicht mehr für Schiffe zugänglich. Bei schönem Wetter kann man eventuell einen Ankerplatz außerhalb ansteuern, um von dort aus zu einer Besichtigung an Land zu gehen.

### Empfehlenswert

◆ Der kleine Hafen Dikili, von wo aus man nach Pergamon gelangt.

◆ Kuşadası als Stützpunkt in der Nähe von Ephesos.

◆ Bodrum.

◆ Der englische Hafen Değirmen Bükü und die sieben Inseln im Golf von Gökova.

◆ Kale Kay gegenüber der Halbinsel Kekova.

◆ Die kleinen Buchten im Golf von Fethiye und die Bucht von Skopea Liman.

◆ Der Ankerplatz Dalyan und ein Besuch in Kaunos.

**3** Tropische Meere

# Die Kleinen Antillen und die Grenadinen

## Perfektion in greifbarer Nähe

Aufgepasst, das ist Vergnügen pur! Eine Kreuzfahrt wie diese darf man um keinen Preis versäumen. Gleich, ob zügelloser Renn- oder zurückhaltender Fahrtensegler, blutiger Laie oder erfahrener Steuermann – um eine Fahrt in den Kleinen Antillen kommt man in seiner Laufbahn als Segelsportler nicht herum. Vor einem liegt eine ganze Reihe von begnadet schönen Inseln, die sich durch stets angenehme Temperaturen, günstigen Wind und zahlreiche exotische Ankerplätze auszeichnen. Und von Frankreich aus, das in der glücklichen Lage ist, dort mit seinen beiden überseeischen Departements Martinique und Guadeloupe über zwei Anlaufstellen zu verfügen, ist dieses Paradies auch leicht zu erreichen. Alles beginnt also in Orly oder in Roissy, in der Regel mitten im Winter. Erste Glücksgefühle machen sich bereits dann breit, wenn man lediglich ein paar Badesachen und zwei oder drei T-Shirts zusammenpackt, während alles um einen herum in winterlicher Landschaft vor Kälte erstarrt. Und acht Stunden später weiß man seine Hoffnungen schon bei den ersten Anzeichen karibischer Annehm-

**Türkisfarbenes Wasser und gemächliches Leben: die Kleinen Antillen in ihrer ganzen Pracht.**

*Nachfolgende Doppelseite:*
**Die kleinen Buchten von Arlet, ein Zwischenstopp südlich von Martinique, den man nicht auslassen sollte.**

lichkeiten bei wohltuender Wärme und inmitten einer üppigen Vegetation bestätigt: einfach wunderbar!

Den Kleinen Antillen nähert man sich am besten von Martinique aus, normalerweise vom Ausgangspunkt Le Marin im Süden der Insel unweit des Kanals Saint Lucia. Dort bekommt man sein Charterschiff, und nach einer Nacht der Eingewöhnung, die man sich durch ein paar *acras* oder andere kreolische Würste in Verbindung mit den ersten unumgänglichen *ti'punchs* in einem nahe gelegenen Restaurant noch versüßen kann, braucht man unter der nun schon brennenden Sonne nur noch die Segel zu hissen und die Kanalausfahrt anzusteuern. Acht geben muss man allerdings auf die Steine, die auf den ersten Seemeilen überall aufragen, und auf die Bebakung, die im Ver-

## Rum

»Trinkbranntwein aus vergorenem und destilliertem Zuckerrohr-saft, meistens jedoch aus Zuckerrohrmelasse (zähflüssiger Rück-stand bei der Zuckerfabrikation)« – so heißt es im Lexikon. Das natürliche Derivat aus dem Anbau des ursprünglich aus Melane-sien stammenden Zuckerrohrs, das tropisches Klima besonders schätzt, sorgte im 18. Jahrhundert für den traurigen Dreiecks-handel mit ganzen Sklavenkolonien, die in den französischen Überseeterritorien angesiedelt wurden. Auf Guadeloupe und Martinique macht Rum heute noch immer einen Großteil der Zuckerrohrproduktion aus. Es gilt, zwischen dem direkt aus Zuckerrohrsaft destillierten, nicht gefärbten und damit unver-fälschten Rum (»Rhum agricole«) und dem aus der Melasse de-stillierten »traditionellen Rum« zu unterscheiden. »Leichter Rum« ist das Ergebnis einer Mehrfachdestillation, »alter Rum« muss mindestens drei Jahre in einem Eichenfass gereift sein. Sobald man einen Fuß auf eine Antilleninsel setzt, findet man sich meist schon mit einem Glas *ti'punch* in der Hand wieder. Eine Spur Zuckerrohrsirup, ein Spritzer Limettensaft, ein kräftiger Schluck »Rhum agricole« – zum Wohl!

gleich zu unseren Breiten in der ganzen Karibik genau umgekehrt funktioniert.

In Richtung Saint Lucia folgt sodann die erste Begegnung mit dem wunderbaren Passat, von dem man gar nicht genug bekommen kann. Ein laues, regelmäßiges Lüftchen, das ein warmes marineblaues Meer mit kleinen weißen Schaumkronen vorantreibt, aus dem von Zeit

zu Zeit ein fliegender Fisch in die Höhe schießt. Selbst die Gischt ist lau, und während flaumige Wölkchen über den Himmel ziehen, geht die Sonne senkrecht nieder. Die Segel sind zum Zerreißen gespannt, das Schiff kommt bei stetem Seitenwind gut voran, und schon lockt die nächste Insel mit viel versprechenden Ge-legenheiten für exotische Zwischenstopps und einladenden Stränden. Ein Idyll? Durchaus, und zwar so gut wie immer, und die Freude daran lässt auch dann nicht nach, wenn man es schon einige Male erlebt hat. Was nicht heißt, dass sich die Antillen ausschließlich in lau-schiger Postkartenatmosphäre präsentieren. Wie überall in den Tropen kann man auch hier eine schlechte Woche mit permanent be-decktem Himmel erwischen, aus dem sich nur allzu häufig wasserfallartig der Regen ergießt. Die dichte, sattgrüne Vegetation kommt eben nicht von ungefähr. Der Passat ist ein bestän-diger Wind, der oberhalb der Grenze von 25 Knoten auch schnell an den Kräften zehren kann, wenn das Meer grob wird und in den Kanälen manchmal beeindruckend hohe Wellen schlägt, die Schiffe vor Anker das Rollen anfangen und Nerven und Material gleicher-maßen beansprucht werden. Wenn dann noch, weil man nicht entsprechend vorgesorgt hat, ein paar kräftige Sonnenbrände hinzukommen, ein überfüllter Ankerplatz, eine Schnittwunde, die man sich an einer Koralle zugezogen hat, ein plötzlich einfallender Mückenschwarm, umherschwirrende Fangheuschrecken (flie-gende Schaben) oder ein Passagierschiff, das dreihundert amerikanische Touristen auf einem bis dahin vollkommen ausgestorbenen Strand abädt, kann ein Aufenthalt auf den Antillen auch verdrießlich sein. Doch das kommt nur sehr selten vor. Vor allem sollte man sich infor-mieren und nicht gerade am ungeeignetsten Flecken segeln. Dann steht einer der schönsten

Kreuzfahrten, die man überhaupt machen kann, nichts mehr im Wege.

Die beiden ersten Inseln Saint Lucia und Saint Vincent, die höchsten, größten und grünsten, ähneln noch ihren Schwestern im Norden und sind ein angenehmes Segelrevier. Es folgen die kleineren und zahlreicheren Grenadinen, die abwechslungsreicher, aber auch karger sind. Als Koralleninseln bieten sie allerdings unschätzbare Vorteile: weißen Sand, türkisfarbenes Wasser, ein reges Unterwasserleben und den Anschein vollkommener Abgeschiedenheit. Da das jedoch kein Geheimnis ist, sind stets etliche Freizeityachten aus aller Welt hier unterwegs. Der weithin bekannte Paradeplatz der Tobago Caies zum Beispiel, der zwischen den kleinen Inseln Petit Bateau, Barradal und Petit Rameau liegt, zieht immer eine Vielzahl von Schiffen unterschiedlichster Kategorien an. Dabei braucht man nur ein Minimum an Spürsinn, um 500 Meter weiter festzumachen, wo schon niemand mehr ist. Ähnlich verhält es sich an der Südküste von Mustique, berühmt nicht nur für einige der schönsten Traumvillen weltweit, sondern vor allem für die Basil's Bar, deren Besuch ein Muss ist. Bei schönem Wetter kann man sich ein verstecktes Plätzchen in der Lagune an der Luvküste der Ile Canouan oder der Ile de Petit Tabac suchen oder weiter südlich bei Carriacou, Sandy Island oder der Südküste Grenadas. Überall indes sollte man ein Schiff mit geringem Tiefgang haben, denn bisweilen liegt zwischen Kiel und Grund nicht mehr als ein halber Meter. Doch zumindest kann man sich sicher sein, dass der Wind nicht dreht, und das klare Wasser ist sehr hilfreich, um Gefahren frühzeitig zu erkennen. In Verbindung mit einer unregelmäßigen Bebakung zwingt Letzteres einen genau genommen dazu, schwierige Gebiete nur tagsüber (bei senkrecht stehender

**Im Landesinnern der Antillen: Kreolisches Haus auf Mustique und Wasserfall auf Dominica.**

Sonne) oder mit der Sonne im Rücken zu befahren.

Die Tage sind kurz auf den Antillen, was durchaus Vorteile hat: Zum einen wird die Haut nicht länger von der Sonne gemartert, wenn man den herrlichen Sternenhimmel bestaunt, und zum anderen kann man sich so noch ein wenig länger den Genüssen hingeben, die der köstliche Punsch für einen bereit hält ...

Auf den Grenadinen sind die Möglichkeiten der Vorratsbeschaffung rar. Mit Wasser muss man sparsam sein, und bei Lebensmitteln ist die Auswahl bescheiden. Eine Ausnahme bilden Bequia, wo die Einreise in der Regel mit verschiedenen Formalitäten verbunden ist, Union im Herzen des Archipels, Carriacou, die bevölkerungsreichste Insel, und Grenada. Zahlreiche Angebote gibt es allerdings seitens der Einheimischen – und manchmal auch gut organisierter Exil-Europäer –, die einen ansprechen, um frischen Fisch, Brot, Wasser, Obst oder diverse Andenken an den Mann zu bringen. Das ist mitunter lästig, aber sehr praktisch.

Weiter südlich liegt Grenada, eine große, ausgesprochen reizvolle Insel, deren vulkanisches Gepräge von langen Stränden, tiefen Ankerplätzen im Süden und charmanten Dörfern wie Saint George's umgeben ist, in dem noch viele alte Gebäude erhalten sind. Und dann folgt eventuell der große Sprung in Richtung der wilden Roquès. Von Vulkanen ist hier endgültig nichts mehr zu sehen, nur noch flache, sandige Inseln, eine spärliche Vegetation, Fischer, Vögel und Wassergetier – das ist alles. Die Suche nach

**Oben:**
**Grenada ist die letzte »urbane« Station vor einem Ausflug zum wilden Roquès-Archipel.**

einer Bar oder einem Restaurant ist hier vergebens. Von Lateinamerika, Venezuela und der Insel Trinidad, wohin sich im Winter zur Zeit des Karnevals viele Schiffe aufmachen, ist man hier nicht mehr weit entfernt. Ein weiterer Vorteil der Kleinen Antillen liegt darin, dass sie in der Regel – wenn auch nicht hundertprozentig sicher – außerhalb der normalen Route der Zyklonen liegen, die in den Sommermonaten für den gesamten Antillen-Bogen eine ständige Gefahr darstellen und regelmäßig schweren Schaden anrichten. Von November bis Juni kann man aber unbesorgt in aller Glückseligkeit den Segelfreuden frönen, und wer beschließt, auch den Hochsommer in diesen Breiten zu verbringen, der sollte sich bereits im Vorfeld über sämtliche Vorsichtsmaßnahmen bei drohendem Zyklonenalarm schlau gemacht haben. Denn leider muss man vor dem Teufel nirgends so auf der Hut sein wie mitten im Paradies ...

# Nützliche Tipps

### Die ideale Segelzeit

Die Antillen sind das ganze Jahr über gut zu befahren. Im Sommer ist es heißer, feuchter und weniger windig. Zudem besteht zwischen Juni und Oktober und besonders im August und September ein nicht geringes Risiko für Zyklonen. In den Winterferien herrscht Hochbetrieb. Ideal ist die Zeit außerhalb der Schulferien von Mitte November bis Mitte Dezember und von Januar bis Ende Juni.

### Die Anreise

◆ Mit der Segelyacht: Man kann in Europa aufbrechen und die Route entlang der Passatströmung über Madeira, die Kanarischen Inseln, eventuell auch über Kap Verde wählen, wofür man einen guten Monat Segelzeit einrechnen

muss. Die klassischere Strecke führt von Martinique oder Guadeloupe in einer Schleife nach einer Woche oder idealerweise zehn Tagen zum Ziel. Beim Start in Union oder Grenada oder in Venezuela bietet sich eine Kreuzfahrt nach Roquès oder zu den südlichen Grenadinen an (Hafen von Santa Cruz). Manche Bootsverleiher ermöglichen auch einen One-Way-Törn zu den Grenadinen mit Übergabe der Yacht in Union; dabei entstehen allerdings zusätzliche Kosten für die Überführung zurück und den Rückflug von Union nach Martinique. Katamarane sind für die Antillen besonders gut geeignet.
◆ Mit dem Flugzeug: Sämtliche französischen Luftfahrtgesellschaften haben zahlreiche Flüge nach Fort-de-France und Pointe-à-Pitre im Angebot. Amerikanische oder lokale Fluggesellschaften (Air Guadeloupe, Air Martinique, Liat) fliegen im Liniendienst zwischen den Inseln.

### Notizen für das Logbuch

◆ Währung: Franc auf den französischen Inseln (10 Franc = 2,98 DM/ 1,52 Euro), EC-Dollar (East Caraibe, auch »Biwi« genannt) auf den übrigen Inseln; der US-Dollar gilt überall.
◆ Zeitverschiebung: −6 Stunden.
◆ Bei der Bebakung gelten auf den gesamten Antillen, die französischen Inseln eingeschlossen, im Vergleich zu den europäischen Vorschriften umgekehrte Regeln. Bei der Einfahrt in Häfen und Kanäle lässt man grüne Baken folglich Backbord.
◆ Die Gezeiten sind auf den Antillen schwach ausgeprägt (im Durchschnitt 0,50 m),

doch kann die allgemeine, nach Westen gerichtete Strömung in Durchfahrten und Kanälen stärker ausfallen.
◆ Die Unterwasserjagd ist auf den Grenadinen untersagt.
◆ Die erdmagnetische Ablenkung (Abweichung zwischen den Angaben auf dem Kompass und der rechtweisenden Peilung) ist in dieser Gegend beträchtlich (12° im Jahr 1993).
◆ Bei der Fahrt von Insel zu Insel überschreitet man häufig Landesgrenzen; *clearances,* polizeiliche und zollrechtliche Formalitäten, sind folglich eine häufige Begleiterscheinung, die dem Skipper einige Warteschlangen in den entsprechenden Behörden einbringen.

### Empfehlenswert

◆ Ein Ankerplatz am Strand von Salines (Martinique) auf dem Weg von oder nach Le Marin.
◆ Die Basil's Bar auf Mustique.
◆ Das Union Hotel auf Union.
◆ Ein Ankerplatz tagsüber auf Petit Tabac (bei mäßigem Wind).
◆ Ein Abstecher an den Strand von Palm Island (nur mit Katamaran).
◆ Fisch, den die Inselbewohner am Strand von Mayereau grillen (nur an Tagen, an denen keine Passagierschiffe anlegen).
◆ Kreolische Wurst, *acras,* Fisch, *colombos* (Currys), *blaffs* (Fischbrühe), Langusten, alles gut gewürzt, und zum Abschluss tropische Früchte und zuckersüße kleine Bananen, eventuell mit Rum flambiert. Wein ist sehr teuer.

Martinique

KARIBISCHES MEER

St Lucia

St Vincent

Bequia

Mustique

Canouan

Tobago Caies

Union

Ronde

Grenadinen

ATLANTISCHER OZEAN

Barbados

14°

12°

61°

60°

Grenada

Tobago

Port of Spain

Trinidad

# Die Großen Antillen

## Auf den Spuren der Freibeuter

Willkommen in der Heimat der Piraten, des Rums und der Gewürze, goldbeladener Galeonen und karibischer Gaunerei. Zwischen Martinique und Kuba segelt man nicht ungestraft, wenn man sich nicht bewusst ist, hier auf den Spuren derer zu wandeln, die in unserer Phantasie Bilder von Segelrennen, sich prügelnden Betrunkenen, prächtigen Geschöpfen und Verführung signalisierenden Kokospalmen wachrufen. Barbe-Noire ist hier gewesen, Admiral Nelson hat hier für Kanonendonner gesorgt, und die Ankerplätze, an denen sie einstmals Unterschlupf fanden, sind noch immer gänzlich unverändert. Unweigerlich schlüpft man in die Haut eines Francis Drake, wenn man auf Inseln mit Namen Désirade, Marie-Galante oder Saba zusteuert. Engländern und Holländern begegnet man hier auf Schritt und Tritt, den einen eher in der Gegend von Antigua und den anderen ein wenig weiter nördlich bei Jost van Dyke. Beide jedenfalls segeln auf den Spuren von Christopher Kolumbus, der diese Neue Welt entdeckte. Und in Wahrheit könnte noch immer ein karibischer Einheimischer aus dem Dschungel hervorpreschen, um sich auf die verwegenen Seemänner zu stürzen und die vermessensten unter ihnen zu verspeisen. Das Karibische Meer war ein

**Pralles Leben und Farbenpracht wie im Dorf Jost van Dyke *(linke Seite)*, auf den »BVI« oder an den Fischerbooten in Anguilla *(oben):* Die Großen Antillen zeichnen sich durch ihre Vielfalt aus.**

Freibeutermeer, ein Eldorado, das am Ende der Passatwind-Route den Weg zur Neuen Welt ebnete und den Rückweg mit Musketen- und Säbelschlägen begleitete, um sich von den geenterten Schiffen zurückzuholen, was einem zustand.

Heute sind die Dinge kaum anders. Das gilt zumindest für die Phänomene der Natur. Den Passatwind gibt es noch immer, die Inseln liegen noch immer genauso dicht beieinander, meistens segelt man mit Seitenwind, auf Sicht und selten nachts. Der Rum ist noch immer genauso gut, und die Großen Antillen sind nach wie vor ein Zufluchtsort für diejenigen, die eines Tages beschlossen haben, der Gesellschaft Lebewohl zu sagen, um sich eine Woche, manchmal allerdings auch mehrere Jahre lang dem gemächlichen Rhythmus des tropischen Lebens hinzugeben. Und sie tun gut daran. Die Großen Antillen nördlich von Martinique und Guadeloupe sind nämlich ein traumhaft

## Pirat, Freibeuter oder Flibustier?

Die Nuancen sind beträchtlich, auch wenn sich die Seeleute im 18. Jahrhundert häufig am Rande aller drei Begriffe bewegten. Der Pirat, so viel steht fest, ist ein Räuber und Bandit, der auf hoher See Handelsschiffe überfällt und sich der Dinge bemächtigt, die er für wertvoll erachtet, sei es die Ladung, Teile der Besatzung oder Vorräte oder sogar das Schiff selbst. Piraten sind heimatlos, ohne Glauben und Moral; es hat sie immer gegeben, in manchen Gegenden gibt es sie bis zum heutigen Tag. Freibeuter dagegen hatten einen gänzlich anderen Status, wenn auch ähnliche Methoden. Sie waren gewissermaßen die Piraten der Obrigkeit, die im Auftrag ihres Heimatlandes die Fracht gegnerischer Schiffe an sich nahmen – Zivilisten, die das Kriegsrecht für sich geltend machen konnten. Flibustiers schließlich waren die Freibeuter, die in der Karibik ihr Unwesen trieben.

man auf den Jungferninseln in britisches Protektoratsgebiet zurück. Die amerikanischen Jungferninseln sind ein Gebiet, wo man als Amerikaner geboren wird und sämtliche Geschäfte in US-Dollar abgewickelt werden. In Santo Domingo kehrt man in die Zeiten der spanischen Galeonen zurück. Gelangt man nach Kuba, kommt man mit dem Amerika der fünfziger Jahre, mit Kommunismus und allen Widersprüchen unserer Zeit in Berührung. Übergangslos geht es von den Rhythmen des Zouk und der Steel band bis zu den Klängen von Salsa oder Reggae. Kaum hat man die kreolische Wurst verdaut, findet man sich vor einer dominikanischen Languste wieder und wechselt kurz darauf zur Havanna. Stoff genug also für mehrere Dutzend Kreuzfahrten, die nichts gemeinsam haben außer der Freude am uneingeschränkten Segeln bei idealen Klima- und Windverhältnissen, den Abenteuern und Annehmlichkeiten des Lebens entgegen.

Bei einer ersten Rundfahrt könnte man sich an den französischen Inseln orientieren. Bricht man in Guadeloupe auf, empfiehlt es sich, zunächst das kreolische Dorf auf den Iles des Saintes anzusteuern, um die dortigen süßen Spezialitäten zu verkosten. Eine einfache und folglich beliebte Segelstrecke, weswegen man

schönes Segelrevier. Jeder neue Zwischenstopp bringt einen Kulissenwechsel: Von den Menschen und Nationalitäten über die Umgebung bis hin zu Bräuchen, Kultur, Vegetation, ja selbst dem Klima ist alles anders. In Martinique oder Guadeloupe herrscht französisches Ambiente. Antigua ist das Refugium der britischen Marine. Saint Barthélemy ist gewissermaßen ein bretonischer Hafen mit kreolischen Anklängen. Saint Martin ist eine Insel zwischen zwei Ländern, vor allem jedoch eine Freihandelszone, in der Investoren aus aller Herren Länder es sich gut gehen lassen. Noch weiter nördlich kehrt

vielleicht einige Stunden auf Amwindkurs in Kauf nehmen und einen einsamen Abstecher nach Petite Terre machen sollte, wo es noch viele Leguane gibt, oder nach Marie-Galante, das sich seinen kreolischen Charakter ganz bewahrt hat, oder nach La Désirade, das bislang vom Ansturm der Touristen verschont geblieben ist. Und dann folgt Antigua, wo die Yachten größer und wirklich auch schöner sind als anderswo. Wer Rum und Regatten mag, dem sei die Teilnahme an der berühmten Antigua Sailing Week Ende April wärmstens ans Herz gelegt. Dabei handelt es sich um eine Reihe mehrtägiger Rennen; die Mannschaften müssen also an Bord übernachten. Freunde, Frauen, Kinder und jeweilige Fans folgen in einem separaten Boot. Es ist die einzige Regatta auf der Welt, bei der das Personal, das die an Land stattfindenden Festivitäten organisiert – das Lay Day Committee – doppelt so umfangreich ist wie das der eigentlichen Wettfahrtsorganisation! Darüber hinaus sind in Antigua bildschöne Ankerplätze in Hülle und Fülle vorhanden, und es gibt auch einige technisch gut ausgestattete Marinas.

Weiter nördlich taucht man in die beschaulich-unergründliche Stimmung von Nevis und Saba ein, die abseits der großen Touristenrouten liegen, bevor man über Saint Kitts nach Saint Barthélemy gelangt. Hier zirkuliert das Geld schneller als andernorts; gepflegt und sogar gut bewacht gefällt sich die durch und durch französische Insel als privilegierter winterlicher Tummelplatz für begüterte Müßiggänger. Ganz anders das zwischen französischer und holländischer Identität stets wechselnde Saint Martin unweit von dort, das mit allem aufbietet, was der Tourismus an Unrühmlichem hervorgebracht hat.

Als Starthafen zu einem zweiten, nördlichen Törn in Richtung der Jungferninseln allerdings

**Auf sämtlichen Karibikinseln herrscht ein ausgesprochen angenehmer Lebensrhythmus. Frankreich besitzt mit seinen überseeischen Departements auf den Antillen (hier zu sehen: Saint Barth) beste Möglichkeiten für die verschiedensten Fahrten.**

eignet sich Saint Martin sehr gut, denn der Flughafen Juliana gehört zum Standardrepertoire europäischer Fluggesellschaften. Viele Bootschartergesellschaften haben von den steuerlichen Begünstigungen des Pons-Gesetzes profitiert und sich hier niedergelassen. Bei mäßigem Passatwind und eher bescheidenem Tiefgang kann man seinen Draggen an der West- oder Nordküste von Saint Martin und der Insel Tintamarre im Meer versenken und ein Bad nehmen. Nicht versäumen darf man Anguilla und Sandy Island, eine kleine, robinsonartige Insel, auf der man nichts anderes tun kann als gegrillte Langusten verspeisen und sich dann in einer zwischen zwei Kokospalmen aufgespannten Hängematte dem verdienten Schlaf hingeben. Von nun an drängt der Passat in Richtung Jungferninsel, und wer schlau ist, belässt es bei einer One-way-Fahrt, denn der Weg zurück gegen den Wind ist mehr als ungemütlich.

Die Jungferninseln! Der Name allein bewirkt schon einen Anstieg des Adrenalinspiegels. Die sehr grünen, eher bürgerlichen Inseln, die von vielen Amerikanern besegelt werden, sind wahrlich eine Kreuzfahrt wert. Küsten und Ankerplätze sind so beschaffen, dass man sich ohne Mühe ein einsames Fleckchen suchen kann. Das taten in vergangenen Zeiten auch die Piraten, die hier einige der blutigsten Kapitel ihrer tristen Geschichte schrieben. Um zu begreifen, warum sie sich ausgerechnet hier versteckt hielten, braucht man nur vom Gorda Sound der Insel Virgin Gorda in Richtung des

**Petite Terre (oben) liegt nur wenige Seemeilen von Guadeloupe entfernt. Antigua (rechte Seite), berühmt für seine Sailing Week, ist ein bei den Engländern sehr beliebtes Segelziel.**

Bitter End Yacht Club zu segeln, dessen Besuch man nicht versäumen darf. Einer der größten Vorteile der Jungferninseln liegt darin, dass man die meiste Zeit über in ruhigem Gewässer und einer wirklich einzigartigen Landschaft unterwegs ist, wie beispielsweise am Ankerplatz Baths, wo riesige runde Granitblöcke sich ins türkisfarbene Wasser wälzen. Das gilt auch für den britischen Teil mit seinen Besuchern aus den USA, wenn man davon absieht, dass Amerika natürlich etwas Besonderes ist, von der Mentalität über die Organisation ... bis hin zu den Preisen!

# Nützliche Tipps

### Die ideale Segelzeit

Für die Großen Antillen gilt, was auch
für ihre Schwestern im Süden zutrifft:
Die Wintermonate und das Frühjahr sind
die beste Zeit. Ein Durchzug von
Zyklonen ist eher im Sommer und zu
Herbstanfang zu verzeichnen, also in den
ohnehin feuchteren Monaten. Am
heikelsten ist die Periode zwischen
Mitte Juli und Mitte Oktober mit einer
besonders hohen Niederschlagsrate von
Mitte August bis Ende September.

### Die Anreise

◆ Mit der Segelyacht: 3700 Seemeilen
liegen zwischen Saint Malo und Pointe-à-
Pitre, der Strecke der Route du Rhum.
Den derzeitigen Rekord von 14 Tagen,
6 Stunden und 28 Minuten hält Laurent
Bourgnon mit der *Primagaz*, der 1994
Sieger des Wettbewerbs war.
◆ Mit dem Flugzeug: Pointe-à-Pitre
ist das Ziel für eine Kreuzfahrt ab
Guadeloupe; Saint Martin bietet sich an,
wenn man weiter nördlich oder auf den
Jungferninseln segeln will. Letztere kann
man mit einer Zwischenlandung oder
einem Flug über Miami und San Juan
auch direkt ansteuern.

### Notizen für das Logbuch

◆ Währung: Franc auf den französischen
Inseln (10 Franc = 2,98 DM/1,52 Euro),
EC-Dollar (East Caraibe, auch »Biwi«
genannt) auf den übrigen Inseln, der
US-Dollar gilt überall.
◆ Zeitverschiebung: −6 Stunden.
◆ Vor Ort heißen die Jungferninseln BVI
(British Virgin Islands) oder USVI (für:
Virgin Islands of the United States).
◆ Die Kleinen Antillen verfügen neuer-
dings über ein Mobilfunknetz, das *boat
phone;* entsprechende Geräte können auf
den Inseln gekauft oder gemietet werden.
◆ Die *ciguatera*-Vergiftung, die nach dem
Genuss bestimmter Fische auftreten
kann, ist vor allem auf den Großen Antil-

len verbreitet. Besonders fleischfressende
Fische (Barrakudas, Zackenbarsch,
Muränen und Meeraale) sind zu meiden.
◆ Bei einem Zyklon (oder einem tropi-
schen Tief) weht der Wind entgegen dem
Uhrzeigersinn. Am gefährlichsten ist es
im nordöstlichen Teil des Tiefdruck-
gebietes.

### Empfehlenswert

◆ Petite Terre am Abend, nach Abfahrt
der *day charter.*
◆ Les Saintes, wo es ebenfalls abends am
angenehmsten ist.

◆ Antigua Yacht Club und Nelson's
Wharf in Antigua.
◆ Saba wegen seiner Ursprünglichkeit,
und Nevis, das außerhalb der gängigen
Routen liegt.
◆ Saint Barthélemy wegen des kreoli-
schen Ambientes – und der sehenswerten
Flugzeuglandungen!
◆ Der Bitter End Yacht Club auf den BVI.
◆ Der Ankerplatz von Baths auf den
BVI.
◆ Eine Languste, über Holzfeuer gegart,
auf Sandy Island (außerhalb der Hoch-
saison).

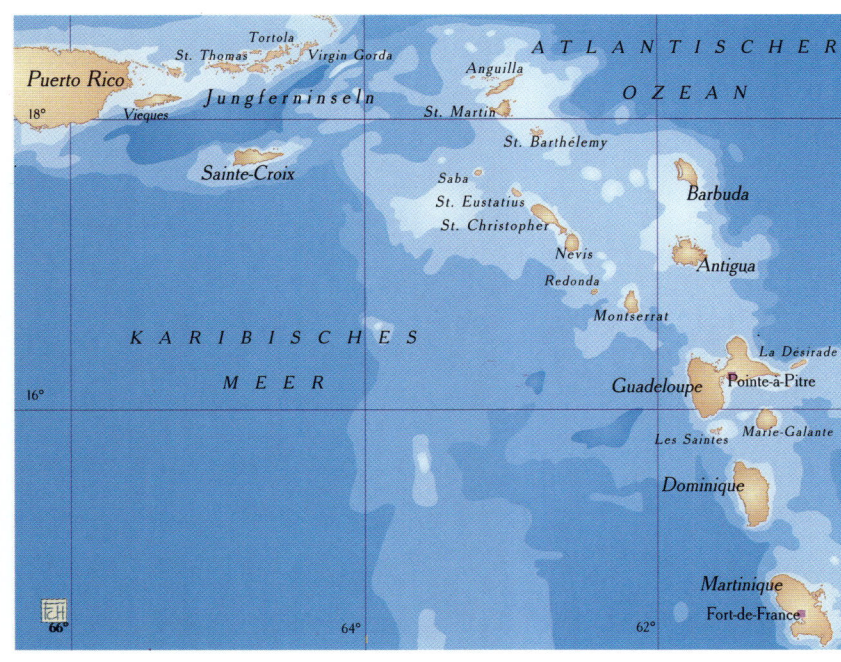

# Florida und die Bahamas

## An der Grenze zum Golfstrom

Wo immer der Golfstrom fließt, bringt er Wonne, Reichtum und Leben. Er ist der Königsweg, über den man am schnellsten von Amerika nach Europa gelangt, er sorgt für den Nebel über London und schafft das Klima für den Bordeaux. Vor Florida breitet sich der Golfstrom in den schönsten Farben vor der Haustür aus und gibt Tag für Tag seine reichen Fischbestände frei. Sein Ursprung liegt in den Passatwinden, die das Wasser des Atlantik von Afrika in die tropischen Breiten Amerikas befördern. Was in ihm steckt, zeigt er, wenn er mit aller Kraft in die niedrige Meeresenge dringt, die Florida von der Großen Bahamabank trennt. Dann entwickelt er sich zu einem reißenden Fluss; und wenn ihm im Winter gar ein kräftiger Nordwind entgegenkommt, was allerdings nur selten der Fall ist, kann er mitunter sogar gefährlich werden.

Florida – das ist urbanes Ambiente, hektisches Treiben, Urlaub im amerikanischen Stil, der Strudel, der zwischen Karibik, Südamerika und dem alles beherrschenden Dollar das lichterfunkelnde Miami und die kaum weniger belebten Städtchen Fort Lauderdale und Palm

*Linke Seite:*
**Von den Keys bis nach Bimini prägen Pelikane und Motoryachten für die Hochseefischerei das Bild. Der Golfstrom ist eben gleichbedeutend mit Fisch!**

Beach hervorgebracht hat. In dieser Gegend herrscht die höchste Konzentration an Freizeityachten der gehobenen Kategorie, die in der Regel in einer der unzähligen, versteckt in den Einbuchtungen liegenden Marinas ankern oder, besser noch, am Privatsteg eines luxuriösen Anwesens. Doch ist Miami, wo die weltweit größte Bootsmesse und die Konstrukteure der berühmten »Zigarren« zu Hause sind, abgesehen von seiner zentralen Lage kein sonderlich reizvolles Ziel. So perfekt der technische Komfort ist, so wunderlich die Rokoko-Avenues in Miami Beach und so erstaunlich das Nachtleben im lärmenden Viertel Coconut Grove sind – man bricht doch ohne allzu großes Bedauern wieder auf, den Keys entgegen oder gen Osten nach Bimini und zum Bahama-Archipel.

Und schon nach wenigen Seemeilen bietet sich einem ein ganz anderes Bild. Innerhalb von kürzester Zeit ist man mitten im Nirgendwo, fernab von allem. Das wahre Herz Floridas versteckt sich hier, in Key West, das man von Miami aus über die Inland Waterways erreicht, die einem eine Fahrt auf spiegelglatter See außerhalb des Golfstroms ermöglichen. Am Ende des Hawk Channel, auf dem es im Slalom an den Schwimmern der *stone-crab*-Körbe vorbei in Richtung Key Largo oder Marathon geht, taucht die Stadt aller Städte vor einem auf: Key West. Milde Luft, türkisfarbenes Wasser – hier kann man durchatmen, ausspannen, in die Stimmung von Hemingways Romanen eintauchen oder sich ganz einfach umsehen an der südlichsten Spitze der Vereinigten Staaten. Restaurierte Holzhäuser im Kolonialstil, in den schillerndsten Farben gestrichen, salzverkrustete Dalben, die seit ewigen Zeiten auf ein

Fischerboot warten, Pelikangeschwader, die im Sturzflug auf unsichtbare Fischschwärme niedergehen – dies ist der wahre Süden. Key West ist eine kleine, überschaubare, leicht in Auflösung begriffene Stadt mit einem ganz eigenen Rhythmus, am Rande eines Landes, das schlicht und ergreifend zu groß ist. Ein unbeschreiblich angenehmer Ort, wo das Leben sich auf erstaunliche Weise verlangsamt, Bars bis tief in die Nacht hinein geöffnet sind, sich viele Künstler und Schriftsteller aufhalten, und, wie San Francisco auch, eine Hochburg der Homosexuellenbewegung. Im Januar, wenn die internationale Rennsaison beginnt, wird Key West zum Anziehungspunkt fast aller nordamerikanischen Regattasegler. Tag für Tag blickt es hinüber nach Kuba, das nur 98 Seemeilen weiter südlich liegt, in Erwartung der Stunde, da die Insel für amerikanische Touristen wieder frei zugänglich sein möge. Key West,

wo mehr Fahrräder und Motorräder unterwegs sind als Autos, wird immer das Refugium für Außenseiter und Menschen auf der Durchreise sein.

Um einen allzu abrupten Wechsel zu vermeiden, empfiehlt es sich, den Golfstrom in Richtung der Bahamas zu überqueren. *Baja mar,* Ebbe – der spanische Begriff steht für die stets vom Untergang bedrohten Sandbänke, insgesamt siebenhundert Inseln und zweitausendvierhundert *cayes,* in denen man wochenlang mit Blick bis auf den Meeresgrund segeln kann. Erlebnis und Faszination – was vor allem auch bedeutet, dass man Tiefenmesser, Führer, Karten und GPS-System nie aus den Augen verlieren darf. Es sei denn, man hat seinen Traumplatz gefunden, wo sanft abgetragener, glitzernder Sand unablässig das Azur des Himmels reflektiert. Dieser hinreißende Unterschlupf war ein ideales Versteck für die Bukaniers (in Westindien heimische Seeräuber), die hier den

*Linke Seite und oben:*
**Nur sechzig Seemeilen liegen zwischen dem pulsierenden Leben von Miami Beach und den traumhaften Stränden der Bahamas. Vor allem Liebhaber der Hochseefischerei kommen hier auf ihre Kosten.**

spanischen Galeonen auflauerten, wenn sie damals auf dem breiten Golfstrom die Rückkehr nach Europa antraten.

Die entscheidenden Reize der Bahamas sind paradoxerweise auch ihr Hauptmanko: eine Vielzahl von Inseln, Kanälen und Strömungen, ständig wechselnde Wasserstände infolge der Gezeiten und folglich die stets lauernde Gefahr des Auflaufens. Kaum irgendwo sind die Möglichkeiten, vor Ort ein Schiff zu chartern, so spärlich gesät, und das trotz der Nähe zu den Vereinigten Staaten. Die wenigen Chartergesellschaften, die größtenteils im Hafen von Marsh Harbour ganz im Norden liegen, haben das Revier, in dem das Segeln mit ihren Yachten erlaubt ist, streng definiert; außerhalb dieser Grenzen besteht kein Versicherungsschutz. Die Wartelisten sind also lang, und es ist ratsam, im Voraus zu reservieren. Es gibt aber auch die Möglichkeit, die Gegend an Bord eines Motorschiffes mit einheimischer Crew zu befahren, was zweierlei Vorteile hat: Zum einen lässt sich das Insellabyrinth auf diese Weise schneller und problemloser durchqueren, und zum anderen kann man sich dann dem Sport widmen, der hier unangefochten auf Platz Eins steht: der Hochseefischerei.

Keine 50 Seemeilen von Floridas Küste entfernt – auf der anderen Seite des Golfstroms – liegt Bimini, die berühmteste und am leichtesten zu erreichende Bahamainsel, bekannt vor allem als bedeutender Anlaufpunkt für das Angeln von großen Meeresfischen. Auf einer flachen Insel lebt der zweitausend Seelen zählende stille Marktflecken im Wechsel der zahlreichen Turniere, die das ganze Jahr über hier ausgetragen werden. Die Teilnehmer kommen in winzigen Wasserflugzeugen der Chalk Airline aus Miami oder direkt an Bord ihrer spektakulären Bertram oder Hatteras mit der speziellen Big-Game-Angelausrüstung. Die Liebhaber »großer Kaliber« beziehen hier Quartier im Big Game Fishing Club und haben die Bar The Complete Angler zu ihrem unumgänglichen Treffpunkt erkoren. Dieses legendäre Bistro, gebaut aus dem Spantwerk eines aus der Prohibition stammenden Schmugglerbootes, huldigt mit einer Bibliothek und vielen Fotos dem Kult des alten Hemingway, der hier seine bewegtesten Jahre

**Mehrrumpfboote sind besonders gut geeignet, wenn man in den *cayes* der weitläufigen Bahamas unterwegs ist, wo auch ein Wasserflugzeug als Fortbewegungsmittel nicht zu verachten ist.**

verbrachte. Die Hauptstadt Nassau ist nichts Besonderes, trotz aller Hotels und der touristischen Infrastruktur, trotz der Insel Paradise Island, einem Eldorado des Glücksspiels und der Casinos.

Die Bahamas mit ihren etwa siebenhundert Inseln sind größtenteils unbewohnt; nur rund vierzig Inseln sind besiedelt. Doch es fehlt an nichts. Das Wasser bietet alles, was das Herz begehrt. Beispielsweise Delfine, die hier besonders anhänglich sind; mehrere Tauchschulen in Bimini und auf den Turks- und Caicos-Inseln (ganz im Süden) veranstalten Ausflüge, die einem eine nähere Bekanntschaft mit Freund *delphinus* ermöglichen. Die wenigen Minuten, die man mit diesem Meeresbewohner beim gemeinsamen Bad zubringt, gehören zu den Erfahrungen, die man ein Leben lang nicht vergisst.

# Nützliche Tipps

## Die ideale Segelzeit

Das ganze Jahr über, vor allem von Dezember bis Juni und ganz besonders im
Frühjahr. Im Winter ist es heiß, wenn
auch kühler als auf den Kleinen Antillen.
Fronten, die zu dieser Jahreszeit auf süd-
licheren Breitengraden auftreten, können
für ein wenig Abkühlung sorgen und
Wind und sogar schlechtes Wetter bringen, bevor der Wind nach Nord-West
dreht. Zyklonen sind, wenn überhaupt,
im Sommer zu beobachten.

## Die Anreise

◆ Mit der Segelyacht: Die erste Bahamainsel liegt 40 Seemeilen vor Florida.
Wenn man von den Antillen kommt, ist
der Archipel der Turks- und Caicos-
Inseln, wo mehrere Charterfirmen angesiedelt sind, 250 Seemeilen von
Fort-au-Prince (Haiti) entfernt.

◆ Mit dem Flugzeug: Tägliche Flugver-
bindungen nach Miami mit zahlreichen
Luftfahrtgesellschaften, Anschlussflüge
nach Key West oder Nassau (Bahamas)
mit den Wasserflugzeugen der Chalk
Airline.

## Notizen für das Logbuch

◆ Die lokale Devise lautet: »Siebenhun-
dert Inseln – siebenhundert Träume.«
◆ Währung: US-Dollar und Bahamas-
Dollar.

◆ Zeitverschiebung: –6 Stunden
◆ Der Golfstrom ist eine warme Meeres-
strömung, die sich nach Norden wendet
und örtlich bis zu 4 Knoten erreichen
kann. Ob man sich im Golfstromgebiet
befindet oder nicht, ist am Thermometer
abzulesen.

## Empfehlenswert

◆ Fort Lauderdale, Pier 66.
◆ Die Miami Boat Show im März, bei der
man die ausgefallensten Yachten der Welt
bestaunen kann.
◆ Miami und das Coconut-Grove-Viertel
am Samstagabend, wegen der schönen
Mädchen in den schönen Autos …

◆ Key West, das Haus von Hemingway.
◆ Bimini, The Complete Angler und der
Big Game Fishing Club – hier kreist alles
um das Thema Fisch!
◆ Hochseefischerei im Golfstrom.
◆ Das Bacardi Rum Billfish Tournament
in der zweiten Märzwoche in Bimini.
Für Experten.
◆ In Miami Beach das Restaurant Joe's
Stone Crab am Strandende.

# Die Seychellen und der Indische Ozean

## Entlang der Gewürzroute

Bei schönem Wetter ist der Ankerplatz im Lazio-Bogen auf Praslin unvergleichlich schön. Alles, was die Seychellen zu bieten haben, ist hier auf kleinstem Raum, in einer Art Aussparung der ansonsten mit Urwald bedeckten Insel versammelt, begrenzt durch einen großen weißen, halbmondförmigen Sandstrand. Hohe grüne Kokospalmen, durch deren Wedel von Zeit zu Zeit ein laues Lüftchen geht, neigen sich seitwärts. Hier und da über den Strand verteilt hat die Natur, der Himmel weiß wie, die für die Seychellen so typischen gerundeten Riesenblöcke aus Granit platziert. Etwas weiter weg führt ein Pfad den Hügel hinauf. Unter den Kokospalmen liegt ein Restaurant, an anderer Stelle ragt mitten aus dem Grünen ein Holzhaus auf Pfählen hervor, die im Wasser stehen. Das Schiff wogt leicht auf einem Rest Dünung. Die kleinen Wellen, die sich am Strand brechen, bringen eine Spur Bewegung. Von Zeit zu Zeit schnellt ein Fisch über die Wasseroberfläche hinaus, so als müsse er den Beweis liefern, dass darunter Leben ist. Vögel fliegen am Himmel, das Wasser ist warm und türkisblau, die Luft mild und duftend. Man

**Eine üppige, ursprüngliche Vegetation, Korallenstrände, Granitblöcke und Hotels, die sich perfekt in die Landschaft fügen: Die Seychellen im Herzen des Indischen Ozeans bieten Charme und viele Annehmlichkeiten sowie einzigartige Segelreviere.**

kann lesen, baden, mit den Wellen spielen, eine Maske aufsetzen und sich im Wasser spiegeln, stundenlang plaudernd am Strand zubringen und dabei mit den Händen den Sand durchwühlen auf der Suche nach *tek tek* – Venusmuscheln –, die kurz darauf die Grundlage für *Spaghetti alle vongole* bilden. Und das könnte endlos so weitergehen, denn so einfach ist das Leben nun einmal auf den Seychellen!

Hier muss man auf der Suche nach seinem Glück nicht Hunderte von Meilen zurücklegen. Die Natur hat vorgesorgt. Die Inseln liegen nah beieinander, und abgesehen von der Koralleninsel Bird Island 60 Seemeilen weiter nördlich gelangt man nach ein paar Stunden gemächlichen Segelns immer von einer Insel zur nächsten. Reges Leben herrscht am Korallenriff der kleinen Insel Saint Pierre; der Palmenhain der

## Die Seychellennuss

Unberührt von Zyklonen und großen Einwanderungsbewe-gungen konnte sich auf den Seychellen eine Flora und Fauna ent-wickeln, von der bestimmte Arten nur hier existieren, so auch die Seychellen- oder Doppelkokosnuss – wegen ihrer suggestiven Form auch *coco-fesse* (»Koko-Popo«) genannt. Ihre Seltenheit hat die Legendenbildung begünstigt. So schreibt man ihr segens-reiche, aphrodisierende und fruchtbarkeitsfördernde Wirkungen zu; selbst Gifte soll sie neutralisieren können. In Wirklichkeit han-delt es sich um eine Gattung, deren Genuss weitaus weniger Freude bereitet als der einer normalen Kokosnuss, und ihr Fort-bestand steht in unmittelbarem Zusammenhang mit einer ausge-sprochen lebhaften Fortpflanzungstätigkeit heimischer Insekten und kleiner Reptilien. Wie dem auch sei: Im Maital auf der Insel Praslin bietet sich dem Besucher eine außerordentlich vielfältige Vegetation dar, darunter auch die viertausend Riesenkokos-palmen, die angeblich über tausend Jahre alt sind. Zimt- und Guavenbäume, Brot-frucht-, Vanillebäume und Akazien teilen sich den Platz im Unterholz oder ragen hoch in den Himmel.

Nonnen, die Riesenmeeresschildkröten auf der Farm von Curieuse, der Ankerplatz auf Praslin, von dem aus man die herrliche Vegetation im Maital bestaunen kann – an Sehenswürdig-keiten besteht wahrlich kein Mangel. Bei wirk-lich schönem Wetter wird man die Ornitho-logen auf der Insel Aride besuchen; Letztere ist

ihrem Namen zum Trotz alles andere als karg. Und dann wäre da noch La Digue, die zauber-hafteste Insel überhaupt mit ihrem winzigen Hafen, in dem die herkömmlichen, nach afrika-nischem Vorbild gebauten Boote liegen, mit den gemächlichen Ochsenkarren, den herrlichen Gärten und gewundenen Wegen, die quer durch den Dschungel zu den drei Stränden im Süden führen. Dort kann man Fahrräder mieten und entlang der Küste die unvergesslichen Land-schaften der Fontaine d'Argent bestaunen, wo Granit, weißer Sand und Kokospalmen einen Pakt für die Ewigkeit geschlossen haben.

Doch auch ein kleiner Segeltörn kann nicht schaden, und so wird man bei schönem Wetter vielleicht auch eine längere Strecke in Kauf nehmen und nach Bird Island oder Denis Island, einem Zentrum der Hochseefischerei, aufbrechen. In der Regel muss man nicht lange darauf warten, dass ein Fisch anbeißt, wenn man die Angel einfach nur ins Kielwasser hängt. Und wenn einem am Angeln nicht viel liegt, kann man immer dem einen oder anderen großen Fisch in Bootsnähe mit einem Stück Brot eine Freude machen. Auch die Chancen, hier eine Meeresschildkröte zu Gesicht zu be-kommen, sind gar nicht schlecht. Wie in allen tropischen Gewässern sind hier allerdings auch

Haie unterwegs, weswegen man unbedingt die üblichen Vorsichtsmaßnahmen beachten sollte, nämlich keinen verletzten Fisch im Schleppnetz zu lassen und nachts nicht zu tauchen. Man kann auch zwischen den Felsen der Ostspitze der Insel Félicité hindurchschlüpfen oder sich einen wirklich einsamen Ankerplatz bei Frégate suchen. Manche Inseln sind besiedelt, und der Empfang fällt in der Regel ebenso diskret wie herzlich aus. Andere sind dagegen unbewohnt, das Leben dort ist noch geruhsamer. Die Seychellen geben sich bescheiden, und ihre Bewohner bringen der Natur eine Achtung entgegen, wie man es sich auch andernorts wünschen würde. Hässliche Behausungen oder Hotels gibt es schlichtweg überhaupt nicht.

Darüber hinaus stehen die Zeichen für Navigatoren überaus günstig, denn nachdem der Segelsport über anderthalb Jahrzehnte aus politischen Gründen mit Schutzzöllen belegt war, hat man seit kurzem die traumhaften Küsten wieder zugänglich gemacht und mehrere Stützpunkte eingerichtet, an denen Schiffe verchartert werden – eine ausgezeichnete Nachricht! Der Seychellen-Archipel im Herzen des Indischen Ozeans ist nämlich in mehrfacher Hinsicht reizvoll. Seine geografische Lage innerhalb der südlichen Hemisphäre macht es zum reinsten Segelparadies: in ausreichender Entfernung zum Äquator – und damit zu den sehr feuchten Regionen – und gleichzeitig weit genug entfernt vom Zyklonengürtel. Auf den versprengten Seychellen sind Kreuzfahrten mit unterschiedlichstem Schwierigkeitsgrad möglich. Der größte Archipel um Mahé besteht aus etwa sechzig überwiegend granitischen Inseln und Inselchen, auf denen der Großteil der Bewohner lebt und arbeitet; für einen Segeltörn von einer Woche bis zu zehn Tagen ist er wie geschaffen. Liebhaber weiträumiger, un-

**Die Boote in La Digue können ihren Ursprung nicht verleugnen: Sie sehen der arabischen Dau im Roten Meer zum Verwechseln ähnlich.**

berührter Gebiete werden die entfernteren Archipele Aldabra Islands, die Amiranten oder Farquhar Islands sehr schätzen, eine weitere Myriade praktisch unbewohnter Inseln, auf denen man eine vollkommen intakte Korallenwelt vorfindet. Ein weiterer Vorteil der Seychellen besteht in der Zeitverschiebung von nur drei Stunden gegenüber Europa; man kann nachts reisen und verliert so weniger Zeit und Energie als beispielsweise bei einem klassischen Aufenthalt auf den Antillen. Und wer bereits gut mit den karibischen Inseln vertraut ist, die während der Saison regelmäßig überfüllt sind, bewegt sich hier in einem Revier, das von einem

herausragenden Lage kam es Anfang des 19. Jahrhunderts zu erbitterten Auseinandersetzungen zwischen britischen und französischen Seeleuten. Als Erste jedoch waren die Araber dorthin gelangt, gefolgt im 16. Jahrhundert von den Portugiesen, bevor Piraten und Seeräuber sich auf den Inseln niederließen. Die eigentliche Kolonialisierung fand ab 1756 statt, die französische Herrschaft hielt sich bis nach der Französischen Revolution. 1814 traten die Engländer nach einer schier unglaublichen Reihe von Attacken und Kapitulationen die Nachfolge an. Ihre Herrschaft, in deren Verlauf die Sklaverei abgeschafft wurde, währte hundertsechzig Jahre und endete vor noch gar nicht langer Zeit mit der Unabhängigkeit im Jahr 1976.

Es ist schon etwas Besonderes, wenn wir uns heute an Ort und Stelle davon überzeugen dürfen, dass Abenteurer und Flibustiers ihre Träume immer an außergewöhnlich schönen Flecken zu verwirklichen versuchten.

allzu großen Andrang der Segelfreunde bisher verschont geblieben ist.

Alles beginnt und endet auf der Hauptinsel Mahé mit der Hauptstadt Victoria. Vom internationalen Flughafen führt der Weg durch lebhafte Straßen zum Yachtclub, in dem sämtliche Freizeitboote liegen. Wenige Stunden später sind die Segel bereits gehisst und der Bug arbeitet sich gen Osten, denn paradoxerweise ist Mahé für eine Fahrtenyacht eine denkbar ungeeignete Insel. Nichtsdestoweniger sollte man sich die Zeit nehmen, tagsüber auf dem Hin- oder Rückweg im Archipel von Marine Park zu ankern, genau hinter der Ausfahrt von Victoria, und die Insel zu besichtigen. Die erste Überfahrt ist nicht allzu anspruchsvoll und führt zu einer jener Inseln mit den hübschen Namen Anonyme, Ronde, Silhouette, Praslin, Cousine, Curieuse, La Digue oder Saint Pierre.

Es sei erwähnt, dass dieser Archipel, der auf der Route nach Indien liegt, lange unter französischem Einfluss stand; wegen seiner für strategische Zwecke und den Handelsverkehr

**Alltag in den Tropen, Schildkröten, die hundert Jahre alt sind, kleine Vögel und buntes Treiben in der Hauptstadt Victoria *(rechte Seite):* Das Leben an Land der Seychellen ist sehr lebendig.**

# Nützliche Tipps

### Die ideale Segelzeit

Anders als im Atlantik sind im Indischen Ozean Monsune vorherrschend. Von Mai bis Oktober ist es kühler, weniger feucht, und in der Regel weht ein kräftiger Wind aus Südost. Von Dezember bis März ist es feucht-schwül, es kommt häufig zu Niederschlägen, und der Wind weht aus

### Notizen für das Logbuch

◆ Währung: Seychellen-Rupie
◆ Zeitverschiebung: + 4 Stunden
◆ Der Nordwest-Monsun sorgt zwischen Dezember und April für Luftströmungen von etwa 1 Knoten Richtung Osten. Von Juni bis September weht er in westlicher Richtung.

### Empfehlenswert

◆ Die kleine, flache Bucht Lazio auf Praslin, sofern die Windverhältnisse es zulassen. Vorsicht beim Anlegen, das infolge der Dünung sportlich ausfallen kann.
◆ Die Kokosplantage und der Weststrand der größeren der beiden Sister-Inseln.
◆ Die kleine Insel Saint Pierre zum Schnorcheln.
◆ Das Maital auf Praslin.
◆ Ein Tagesankerplatz im Marine Park auf dem Weg von oder nach Mahé (nachts ist das Ankern hier verboten).
◆ Ein Spaziergang zur Fontaine d'Argent auf der Insel La Digue – ein Pflichtbesuch!
◆ Die Kokosplantage und die drei Westbuchten auf La Digue – zauberhaft.
◆ Cousin und Cousine wegen der Vögel.
◆ Die Riesenseeschildkröten auf Curieuse.

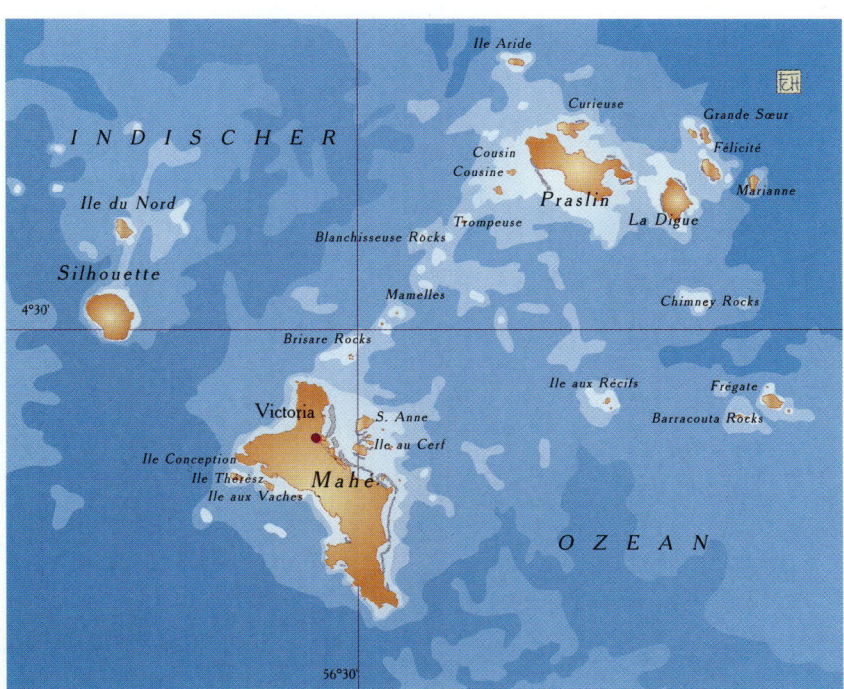

nordöstlicher Richtung. Die Übergangszeiten eignen sich am besten für einen Aufenthalt.

### Die Anreise

◆ Mit der Segelyacht: Wegen der isolierten Lage im Herzen des Indischen Ozeans ist eine Kreuzfahrt auf den Seychellen nur mit einem Charterschiff mit oder ohne Crew möglich. Starthafen ist Victoria.
◆ Mit dem Flugzeug: Air Seychelles und Air France fliegen dreimal wöchentlich ab Paris (Flugzeit ca. 9 1/2 Stunden). Auf den größten Inseln gibt es einen Flughafen, der von Air Seychelles angeflogen wird. Vor Ort kann man sich in Mahé, La Digue und Praslin einen Mietwagen nehmen.

◆ Entfernungen:
Mahé – Amirantes: 136 Seemeilen;
Mahé – Farquhar: 420 Seemeilen;
Mahé – Aldabra: 630 Seemeilen.
◆ Der Tidenhub beträgt zwischen 1,40 m und 1,80 m und bringt beachtliche Strömungen in den Durchfahrten und rund um die Inseln mit sich.
◆ Gut geschützte Ankerplätze sind rar, bei kräftigem Wind gerät das Schiff leicht ins Rollen. Manchmal muss man deswegen vom Tagesankerplatz zurück an eine feste Anlaufstelle für die Nacht.
◆ Mit Ausnahme von Victoria gibt es keine Häfen auf den Seychellen. Außerhalb der drei größten Inseln ist die Vorratsbeschaffung bescheiden. Mit Wasser sparsam umgehen!

# Die Malediven

## Das Glück liegt im Ozean

Eine Fahrt auf die Malediven bleibt unter Umständen nicht folgenlos: Das Risiko, hier eine Gegend zu entdecken, die Objekt einer ausschließlichen Liebe werden könnte, ist beträchtlich. Bislang war der riesige Archipel aus tausendzweihundert Inseln nördlich vom Äquator und mitten im Indischen Ozean vor allem berühmt für seine Milde, seine makellosen weißen, feinen Sandstrände und sein überaus reges, faszinierend schönes Unterwasserleben. In Wirklichkeit erfreuen sich die Malediven, wie auch ihre Nachbarinnen, die Seychellen und – in geringerem Umfang – Mauritius, seit kurzem immer größerer Beliebtheit. Dabei handelt es sich allerdings um einen kontrollierten Tourismus, weswegen die Inseln auch von Null-Acht-Fünfzehn-Maßnahmen verschont bleiben. Ein Gesamtplan sah Anfang der siebziger Jahre für einige Inseln den Ausbau einer touristischen Infrastruktur vor, die hohen Ansprüchen gerecht würde; daraus entstand eine Schar kleiner Paradiese, *resorts* genannt. In der Liste der Traumziele von Reiseveranstaltern belegen sie durchaus die oberen Plätze, doch sind sie eben spezifisch auf das Freizeitsegeln ausgerichtet.

Noch heute sind auf Postkarten von den Malediven keinerlei Fahrtenyachten zu sehen, mit

**Ob bewohnt oder unbewohnt, die Inseln der Malediven sind das reinste Juwel, und sechs Monate im Jahr herrscht ein einzigartiges Klima. Eine Charterbootgesellschaft gibt es erst seit 1998.**

Ausnahme einiger weniger Weltumsegler auf der Durchfahrt und einer Hand voll Charterschiffe. Vergeblich wird man in einem Handbuch zum Fahrtensegeln einen Hinweis auf diese Inselgruppe finden. Es gibt überhaupt nur zwei, nicht eben genaue Seekarten von der Region. Bleibt die Frage, warum eine Gegend wie diese Bootssport-Begeisterten mehr oder weniger entgangen ist, wo doch ihre zahlreichen Vorzüge unübersehbar sind: Sechs Monate im Jahr bringt der Monsun eine frische Brise, ein erstklassiger natürlicher Treibstoff vergleichbar dem tropischen Passat, doch milder, denn Zyklonen sind hier unbekannt. Das Herz eines Robinson schlüge höher beim Anblick dieser Vielzahl unbewohnter Inseln. Am besten nähert man sich ihnen behutsam, da sie in Atollen zusammenstehen, was den unschätzbaren Vorteil hat, dass man stets bei ruhiger See unterwegs ist. Der Meeresgrund ist von außergewöhnlicher Schönheit und macht die Malediven bei Tauchern zu einem Ziel allerersten Ranges. Doch was das Fahrtensegeln betrifft, ist weit und breit nichts geboten.

Ein hoffnungsloser Fall? Nicht ganz. Nachdem der britische Bootsverleiher Sunsail jahrelang auf die lokalen Behörden eingewirkt hatte, erhielt er 1997 endlich die Genehmigung für ein Charterbootunternehmen auf der Insel Hulule, die auch den internationalen Flughafen von Male beherbergt (der Platz auf den Malediven ist so eng bemessen, dass sich die Hauptstadt auf der einen und der dazugehörige Flughafen auf der anderen Insel befindet). Andere Verleiher werden vermutlich folgen, um sich im Zuge dieser ersten Öffnung ihren Platz zu sichern. Was zählt, ist, dass Fahrtensegeln auf den Malediven endlich möglich wird und man vor Ort ein Schiff chartern kann.

Ein wenig benommen nach rund elf Stunden Flug nach Male samt Zwischenstopp in Co-

**Oben und nachfolgende Seiten:**
**Dohnis, die man überall sieht, dienen dem Fang auch großer Fische ebenso wie dem Transport verschiedenster Gegenstände; sie liegen flach auf und kommen nur in geschütztem Gewässer zum Einsatz.**

lombo (Sri Lanka) oder Dubai (Vereinigte Arabische Emirate) kommt man also hier an und erlebt gleich eine Überraschung: Statt das Gepäck in ein Taxi zu verfrachten, besteigt man direkt ein *dohni*, eines jener Allzweckboote, die überall im Malediven-Archipel mit Passagieren, Waren, Baumaterialien oder Ausrüstungsgegenständen aller Art unterwegs sind und natürlich auch für den Fischfang benutzt werden. Nach Erledigung der Übergabeformalitäten liegt es nahe, sich in Male mit dem Nötigsten einzudecken und gleichzeitig auf Entdeckungstour zu gehen. Die Hauptstadt der Malediven beansprucht jeden Quadratmeter der Insel. Minarett und Moschee deuten auf ein wesentliches Merkmal hin: Das Leben der Bevölkerung ist stark vom Islam geprägt. Von der Organisation des gemeinschaftlichen Lebens bis zur Art des Wohnens, vom Lebensrhythmus bis zur Kleidung, von den Gebetsstunden bis zu den strengen Regeln des Ramadan wird der Alltag von dieser allgegenwärtigen Religion bestimmt, die jedoch frei von jedweden extremen Tendenzen ist. Sie ist hier in ähnlicher Weise präsent wie etwa in Marokko. Wer an tropisches Leben gewöhnt ist, wird nichtsdestoweniger überrascht sein, mitten in der Nacht vom Ruf des Muezzin geweckt zu werden, der die Gebetsstunde ankündigt, während man leewärts vor einer Insel ankert, die über und über mit Kokospalmen bedeckt ist. Aus der Religion ergibt sich auch ein Minimum an Kleiderordnung, die an Land vor allem von den Frauen einzuhalten ist. Alkohol ist in den Geschäften unauffindbar; man erhält ihn lediglich in den *resorts* oder über eine Vorabbestellung beim Bootsverleiher.

War nicht von Inseln die Rede? In der Tat bestehen die Malediven ausschließlich aus zumeist kleinen, flachen Inseln, bei denen es sich größtenteils um Korallenriffe handelt. Diese Inseln lassen sich drei Kategorien zuordnen: Die noch unbewohnten, die, auf denen die *resorts* untergebracht sind, und die, auf denen die einheimische Bevölkerung lebt. Die erste Kategorie ist ein Traum. Sie reicht vom winzigen Sandstrand, der kaum sichtbar hinter einem Riffkranz auftaucht, bis zu einer länglichen Insel mit flacher, buschiger Vegetation und Stränden, deren weißer Sand die Besonderheit hat, dass er nie die Füße verbrennt. Man ankert nach Lee, manchmal sogar direkt am Strand, wenn der Grund es zulässt, und schon beginnt ein Leben, wie man es eigentlich nur aus Romanen kennt. Der Ozean bricht sich am Korallenwall und sorgt für ein ständiges Rauschen im Hintergrund, in das sich möglicherweise nicht einmal Vogelgezwitscher mengt, denn Vögel sind sehr selten auf den Malediven. Hier kann man einen Tag lang, über Nacht oder noch länger Halt machen, man ist vollkommen allein,

mitten zwischen Ozean und Himmelsgestirn, das das äquatoriale Dunkel schmückt – mit einem Wort: paradiesisch.

In der zweiten Kategorie gibt es größere Gegensätze und auch Schwierigkeiten. Normalerweise liegen die *resorts* in den schönsten Lagunen, doch sind ihre »Vermieter« noch nicht alle an den Anblick eines modernen Vergnügungsfahrzeugs in ihrem Vorgarten gewöhnt. Einen herzlichen Empfang sollte man nicht voraussetzen; manche sind einverstanden, dass man zu einem Rundgang, einem Besuch im Restaurant oder auf einen Tauchgang festmacht, andere dagegen sind weniger duldsam

und empfehlen schlicht die Weiterfahrt. Die beste Lösung besteht darin, wie in alten Zeiten erst dann von Bord zu gehen, wenn die Yacht vor Anker liegt, um so guten Willen zu bekunden. Vermutlich wird mit weiterem Zeitablauf deutlicher zu erkennen sein, wer die vorbeifahrenden Sportsegler als zusätzliche Kundschaft betrachtet und wer jeglichen Einfluss von außen fernzuhalten versucht. Eine weitere Schwierigkeit liegt in der Beschaffenheit mancher Lagunen, die vollkommen geschlossen sind oder aber nur eine winzige Durchfahrt haben, in die sich nur kleine Boote mit sehr geringem Tiefgang vorwagen können – wie etwa die *dohnis* –, jedoch kein Katamaran und auf keinen Fall ein Einrumpfboot.

Bleiben die Inseln der Einheimischen, die mit Abstand die interessantesten sind. Die meisten sind von erstaunlicher Authentizität, von der in anderen großen Segelrefugien schon längst nichts mehr zu spüren ist. Stundenlang kann

**Die islamische Religion ist überall auf den Malediven präsent. Was streng anmuten mag, für die Besucher beispielsweise ein Minimum an dezenter Kleidung, hat die Inseln nicht zuletzt vor Einflüssen bewahrt, die andernorts verheerende Auswirkungen hatten; das gilt vor allem für den Alkohol.**

man dem Kommen und Gehen der Fischer auf ihren wunderbaren Booten zusehen, deren Bug an den muslimischen Halbmond erinnert, oder den am Strand spielenden Kindern. Die kleinen Häuser stehen an rechteckigen, sandbedeckten Sträßchen. Sauberkeit steht an oberster Stelle, und nicht selten sieht man Frauen in gebückter Haltung das Unterholz mit dem Besen kehren. Wenn die Sonne in einer orange-roten Entladung im Meer versinkt, finden sich die Männer zu nicht enden wollenden Diskussionen auf den aus Rundhölzern und Netzen gebauten Bänken ein. Denn eines ist auf Anhieb unverkennbar: Die Malediven sind ein Schaukelparadies. Ein Ast, eine Latte, vier Seilenden – mehr braucht es nicht, und schon ist dieses unverzichtbare Utensil so gut wie fertig, von Kindern und Erwachsenen gleichermaßen geschätzt, ob allein oder zu mehreren. Und das sagt viel aus über den Rhythmus, in dem das Leben dort seinen Gang geht . . .

# Nützliche Tipps

## Die ideale Segelzeit

Die Malediven, die sich im Indischen Ozean unmittelbar oberhalb des Äquators von Süden nach Norden ausbreiten, liegen im Monsungebiet. Von Oktober bis Juni, in der trockenen Jahreszeit also, wenn der beständig wehende Wind aus Ost-Nordost Stärke 3–4 selten übersteigt, sind sie gut zu bereisen. Die Temperatur bewegt sich das ganze Jahr über zwi-

schen 24 und 33 °C, die Sonne brennt infolge der Nähe zum größten Breitenkreis unerbittlich. Der Februar ist trockener, aber auch schnell ausgebucht.

## Die Anreise

Individualreisen auf die Malediven sind so gut wie unmöglich. Man muss ein »tour package« buchen, das den Aufenthalt in einem der *resorts* oder eine Charteryacht beinhaltet. Zu den preiswerten Destinationen gehören die Malediven nicht gerade (im Vergleich zu den Antillen sind sie um 20 bis 30 % teurer), doch sie bieten wie kaum ein anderes Segelziel eine intakte Umwelt. Sunsail ist derzeit der einzige Bootsverleiher, der einen Segeltörn auf die Malediven im Programm hat; das Paket umfasst neben einer Charteryacht den Hin- und Rückflug mit Air Lanka, eine Nacht im Hotel und einen Tag in Colombo. Man fliegt über Colombo (Air Lanka) oder Dubai, wenn man einen der drei Wochenflüge der Fluggesellschaft der Vereinigten Arabischen Emirate in Anspruch nimmt, oder aber mit Balair, der Swissair-Ferienlinie, über Zürich mit einem weiteren Zwischenstopp ebenfalls in Colombo.

## Notizen für das Logbuch

◆ Währung: Rufiyaa, doch der Dollar ist König, in den *resorts* auch Kreditkarten.
◆ Zeitverschiebung: + 4 Stunden. Von 6.00 Uhr bis 18.30 Uhr ist es hell.
◆ Die Gezeiten sind stark ausgeprägt (ca. 1 m Tidenhub) und rufen in den Durchfahrten eine Strömung hervor, die bei Flut und starkem Seegang die Schiffe an den Ankerplätzen ins Rollen bringen kann.
◆ Neben den Segeltörns kann man auf großen heimischen Motorbooten Fahrten in Tauchgebiete unternehmen.

◆ Die *resorts* bestehen auf einem offiziellen Tauchschein.
◆ Die Gastronomie ist nicht sonderlich abwechslungsreich; die Grundbestandteile sind Reis und Fisch, alle Gerichte sind in der Regel kräftig gewürzt.

## Empfehlenswert

◆ Die Inseln Tulushdoo oder Gulhi nördlich beziehungsweise südlich von Male.
◆ Der kleine Strand nördlich vom Club Med in der Lagune von Hulule.
◆ Die Hinterzimmer in den Läden am Hafen von Male.
◆ Rihiveli ganz im Süden, das schönste und eines der naturbelassensten *resorts*.
◆ Unterwassertouren entlang der Korallenbänke und in den Durchfahrten.

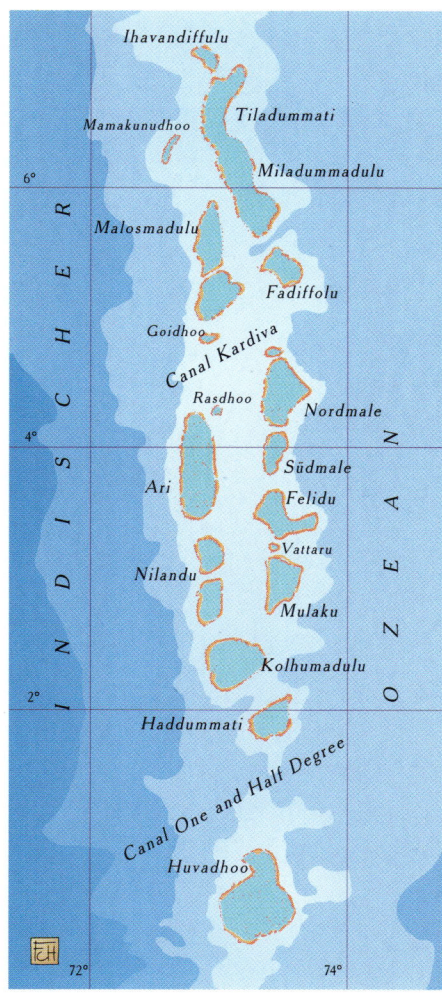

# Polynesien

## Fern von allem, und doch so nah

Dass das Paradies eine Pforte hat, ist allseits bekannt. In diesem Fall besteht sie aus einem S-förmigen Kanal und zwei Baken, die man außen umfährt wie ein Slalomtor. Wegen der Korallenbänke ringsum und der engen Durchfahrt sollte man die Geschwindigkeit drosseln. Mit gehisstem Großsegel, langsame Fahrt voraus, gleitet das Schiff ruhig dahin.

Und dann erst geht es richtig los! Die Genua wird gefahren, und weil der Kanal breiter wird, segelt man fortan am Wind. Das Wasser wird immer heller und nimmt schließlich Färbungen an, die man nie zuvor gesehen hat. Es ist, als sei man in einem riesigen, mehrere Seemeilen langen Swimmingpool unterwegs, in dem nur hier und da ein paar dunkle Flecken auf mögliche Gefahren hinweisen. So ist es in der Lagune von Bora-Bora. Zur Rechten ragen die gezackten Kanten eines erloschenen Vulkans empor, dessen Spiel mit den Wolken die verschiedensten Lichteffekte hervorbringt. Zur Linken geht ein lang anhaltendes Rauschen durch eine Reihe hoher Kokospalmen. Und in der Mitte nichts als Blau: Hellblau, Dunkelblau, das Blau der Meere des Südens, das ins Smaragd- und Türkisfarbene reicht und je nach Sonnenstand und Wassertiefe unterschiedlich schillert. Der weiße Sand am Horizont, den der

**Polynesien sollte man nicht unterschätzen, auch wenn die Kreuzfahrten auf den ersten Blick unspektakulär scheinen ...**

*Oben:*
**In Raiatéa liegen die meisten Bootsvermieter.**

*Linke Seite:*
**Das »Lagunarium« auf Bora-Bora.**

Ozean durch stetes Bearbeiten der Korallen abträgt, wirkt auf der ganzen Breite als Reflektor. Anfangs ist man überzeugt, man werde mit dem Kiel aufsetzen und hängen bleiben. Doch weit gefehlt. Schließlich gewöhnt man sich daran, holt die Schot dicht und beschleunigt, um die Bedingungen so gut wie möglich zu nutzen. In Wahrheit liegen immer über zwei Meter des kristallklaren Wassers zwischen Wasserlinie und Grund, und man muss wirklich alle Vorsicht fahren lassen, um am Strand festzukommen. Fast ist man benommen angesichts der vielen Möglichkeiten, die sich auftun, denn in diesem Paradies sind Ankerplätze so zahlreich wie Menschen rar.

Ein Traum wie dieser erfüllt sich natürlich nicht von jetzt auf gleich: Zweimal zwölf Stunden Flug gilt es auf sich zu nehmen, mit einer Unterbrechung von nur einer Stunde in Los Angeles. Vollkommen erledigt kommt man folglich in Tahiti an und ist doch entzückt von

## Tauchen

In der Rangliste der großen Tauchsportgebiete nimmt Polynesien einen der oberen Plätze ein. Wie das Great Barrier Reef, das Rote Meer, die Fidschi-Inseln und die Malediven bietet es eine üppige Unterwasserfauna, die von Korallenwänden bis hin zu großen Meeresraubtieren alles umfasst. Ideale Erkundungsorte sind die Durchfahrten, die die Lagunen mit dem Pazifik verbinden. In den bisweilen heftigen Strömungen entlang den Felswänden ist das Tauchen am spektakulärsten; ruhigere Orte wie der Korallengarten im südöstlichen Teil der Lagune von Bora-Bora erlauben einen zauberhaften Spaziergang unter Wasser, für den man nur Flossen, Taucherbrille und Schnorchel braucht. Es gibt mehrere Tauchschulen und -clubs, die verschiedene Ausflüge im Programm haben, in der Regel aber einen Nachweis über die Tauchkenntnisse verlangen.

nach die Dinge, die die wunderbare Stimmung Polynesiens ausmachen: einmalige Landschaften, eine herrliche Flora, eine reizende Bevölkerung, Gelassenheit im Alltag, der sich im Hin und Her der zwischen den Inseln verkehrenden Schoner wiegt, und obendrein ideale Surfwellen an der Einfahrt zum Kanal. Wenn man sich einen Motorroller mietet und einen Abstecher zu der Schule macht, die am anderen Ende der Insel liegt, ahnt man vielleicht, was es mit dem Begriff vom »unschuldigen Glück« auf sich hat. Das soll nicht heißen, dass wirtschaftliche oder gesellschaftliche und selbst existenzielle Probleme auf den Pazifischen Inseln lauter Fremdwörter wären. Und doch …

Es folgen Raiatéa und ihre Schwester Tahaa, die sich zu zweit eine Lagune teilen. Das Hotel Vahine Island ganz im Norden vermittelt einen Eindruck davon, wie ein Leben in vollkommener Seligkeit aussehen könnte: Meer, Strand, junge Kokospalmen, eine Strohhütte für jeden, kein Lärm, wenig Gäste, Boote, mit denen man zum Tauchen oder Angeln fahren kann. In der Ferne ruhen ein paar Perlenzüchtereien auf ihren Pfählen. Das Grummeln des Ozeans, der unablässig die Wellen umwälzt, der milde Passat, der ein leichtes Lüftchen bringt. Nur ja nichts berühren …

dem Empfangskomitee, das einen jeden mit duftenden Blumen behängt. Es ist fünf Uhr morgens und bereits taghell, vor einem liegt ein langer Tag in tropischer Hitze. Tahiti entdeckt man eher an Land, und man wird es nicht bereuen, wenn man zwei oder drei Tage dort verweilt, bevor man sich gestärkt an Bord seines Schiffes begibt. Gemächlich bricht man nach Moorea auf, vor einer Überfahrt zu den »Inseln unter dem Wind«, deren erste sich nach 80 Seemeilen am Horizont zeigt: Huahine. Wenn man – unter Motor – ihre lange Lagune durchfährt, erschließen sich einem nach und

Und dann taucht hinter der Lagune die Silhouette von Bora-Bora auf. In Polynesien erzählt man sich, die Insel habe sich auf den Irrweg des Tourismus begeben, es gebe keine Fische mehr, alles sei käuflich und für ein paar Dollar und Yen habe man die Seele der Insel veräußert. Das alles ist nicht ernst zu nehmen. Alles in allem gibt es hier dreihundert Hotelbetten, die allerdings, wie die Bucht von Quiberon auch, auf der ganzen Welt berühmt sind. Vielmehr ist dies die Perfektion selbst, mitten in einem Korallenriff wie aus dem Bilderbuch, mit einer einzigen Einfahrt in Lee. Der Yachtclub mit seinem ausgezeichneten Restaurant ist ein Muss; nebenbei kann man dort die Wassertanks auffüllen und ein paar Einkäufe tätigen.

Besser, man sagt es gleich: In Bora-Bora will man immer länger bleiben als vorgesehen, um sämtliche Winkel der Lagune auszukundschaften, einmal an den Spinnakerleinen durch

**Der Kanal zwischen Papeete und Moorea oder die ersten Seemeilen eines Segeltörns, der wahrscheinlich unvergesslich bleiben wird.**

die Lüfte zu fliegen, sämtliche Riffe des Korallengartens zu besichtigen und den Navigator Pierre English zu besuchen, der nach fünf Jahren *day charter* an Bord einer umgebauten Formel 40 nun Restaurator ist. Man kann unmöglich fahren, wenn man sich mit anderen Skippern noch so viele urkomische Geschichten zu erzählen hat, erneut die Insel umrunden muss, um auch die Westseite der Lagune in Augenschein zu nehmen und mit dem Hubschrauber die gesamte Insel aus der Luft zu betrachten, wenn man noch ins Innere der Insel vorstoßen und für ein Foto mit einem riesigen *mahi mahi* posieren will, den man bei einem Fischer erstanden hat, um ihn dann nach entsprechender Zubereitung zu verspeisen. Und um mit einer Familie zu plaudern, die ein »Lagunarium« besitzt, in dem man zusammen mit Haien und Rochen schwimmen gehen kann – ohne das geringste Risiko. Touristennepp?

Und wenn schon! Hier jedenfalls ist die Gefahr relativ gering, denn die Tiere sind gut genährt. Und dann möchte man sich auch noch in aller Ruhe das winzige Boot auf dem smaragdfarbenen Samtteppich anschauen, das aus dem grellbunten Licht der untergehenden Sonne in tropischem Dunkel entschwindet. Leider sind Träume eben immer zu kurz . . .

Und der Pazifik ist so immens groß! Ein besonderer Reiz dieses Teils der Erde liegt darin, dass man das Gefühl hat, von allem weit weg zu sein. Von Europa, Amerika, Australien, dem Osten wie dem Westen. Meer, Ozean und Sterne, mit deren Hilfe die Seeleute sich ohne Navigationsinstrument von Insel zu Insel bewegten, sind eine eigene Kultur. Und besonders dieser Pazifik ist gewissermaßen kosmisch. Anlässlich einer weiteren Reise muss man natürlich den Tuamotu-Archipel erkunden, bei dem alles Interesse dem gewaltigen Unterwasserleben gilt, das in eigenartiger Weise mit der

*Oben:*
**Hort des Friedens im Herzen der Lagune von Huahine.**

*Rechte Seite oben:*
**Ein kleiner »Ausflug« an den Spinnakerleinen, der einmal einen anderen Blick auf das türkisfarbene Wasser in der Lagune von Bora-Bora ermöglicht.**

gleichförmigen, stark reduzierten Landschaft kontrastiert: türkisfarbenes Wasser, grüne Kokospalmen, weiße Sandstrände. Man sollte sich auch die Zeit nehmen, noch weiter nach Norden vorzustoßen. Die Marquesas-Inseln sind faszinierend – und ganz anders: stark vulkanisch, hoch aufragend und zerklüftet; die Strände sind schwarz, der Tourismus ist bislang kaum spürbar, und die Bevölkerung hat noch jene Frische und Gastfreundschaft, die schon die großen Forschungsreisenden in ihren Bann zog. Richtung Westen bleiben noch die Cook-, Samoa-, Tonga- und Fidschi-Inseln. Und dann muss man sich erneut entscheiden: Entweder man biegt ab nach Süden auf Neukaledonien und seine riesige Lagune zu oder nach Norden zu den Salomon-Inseln. Ein leichter Schwindel befällt einen angesichts der unermesslichen Weite. Im Pazifik weiß man eben nicht mehr, wo genau die Grenze zwischen Traum und Wirklichkeit verläuft . . .

# Nützliche Tipps

### Die ideale Segelzeit

Von April bis November, in der so genannten Trockenzeit, ist das Risiko für schlechtes Wetter relativ gering. Von Dezember bis März gibt es in der Regel häufiger Niederschläge. Zyklone sind selten, in manchen Jahren kommen allerdings gleich sechs hintereinander, was jedoch die Ausnahme ist. Normalerweise weht ein kräftiger Wind, der im Juni, Juli und August noch einmal deutlich auffrischt. In der Zwischensaison ist es am angenehmsten. Wie in sämtlichen Tropenregionen lässt sich das Wetter jedoch nicht hundertprozentig vorhersagen; zwischen extrem schön und extrem feucht ist alles möglich. Acht volle Tage Aufenthalt vor Ort sind angesichts der anstrengenden Anreise das Minimum. Im Gegensatz zum Rückweg bereitet die Zeitumstellung auf dem Hinweg kaum Probleme.

### Die Anreise

◆ Mit der Segelyacht: Wenn man sich nicht auf einer Weltumseglung befindet, chartert man am besten eine Yacht vor Ort, mit oder ohne Skipper, oder mietet einen Kabinenplatz. Die besten Flotten bieten Moorings, Sunsail und VPM. Die beiden Erstgenannten sind in Raiatéa stationiert, was einem die Strecke Tahiti – »Inseln unter dem Wind« und zurück erspart. VPM kann vor Ort überführen. Bei der Anreise ab Tahiti spart man sich zusätzliche Flugkosten, die man besser in die Überführung zurück investiert. Eine One-Way-Fahrt drängt sich prak-

tisch auf, denn der Rückweg nach Tahiti erfolgt auf Amwindkurs, was einem viel abverlangen kann. Auch Polynesien ist ein ideales Fahrtengebiet für Doppelrumpfboote.

◆ Mit dem Flugzeug: Die Entscheidung fällt zwischen AOM und Air France, deren Preise etwa identisch sind und je nach Saison zwischen 5500 und 7500 Francs betragen.

### Notizen für das Logbuch

◆ Währung: Pazifischer Franc.

◆ Zeitverschiebung: + 11 Stunden.

◆ Sprachen: Tahitianisch, Französisch und Englisch.

◆ Der Maaramu ist ein kräftiger Südwind, der im Sommer weht.

◆ Leuchttürme sind selten. Mit Ausnahme der großen Überfahrten ist der Nachtverkehr untersagt.

◆ Wie überall in Korallengebieten muss man seine Route genau festlegen und schwierige Passagen zur Mittagszeit bewältigen oder aber mit der Sonne im Rücken, damit man die Gefahren rechtzeitig sieht.

◆ Da es unendlich viele Fische gibt, wird hier selbst ein gänzlich unbegabter Angler erfolgreich sein.

◆ In den Restaurants dreht sich alles um Fisch und Reis.

### Empfehlenswert

◆ Papeete: der Markt frühmorgens.

◆ Huahine: die gesamte Lagune, vor und wieder zurück.

◆ Huahine: die linke Seite der Durchfahrt (nur für geübte Surfer).

◆ Raiatéa: ein Spaziergang bis zum Felsvorsprung.

◆ Tahaa: ein Ankerplatz bei Vahine Island.

◆ Bora-Bora: der Yachtclub, zum Wassernachfüllen oder abends für einen Besuch im Restaurant.

◆ Bora-Bora: eine Unterwassertour im Korallengarten – einfach unvergesslich.

◆ Bora-Bora: das »Lagunarium« für eine erste gemeinsame Runde mit einem Hai.

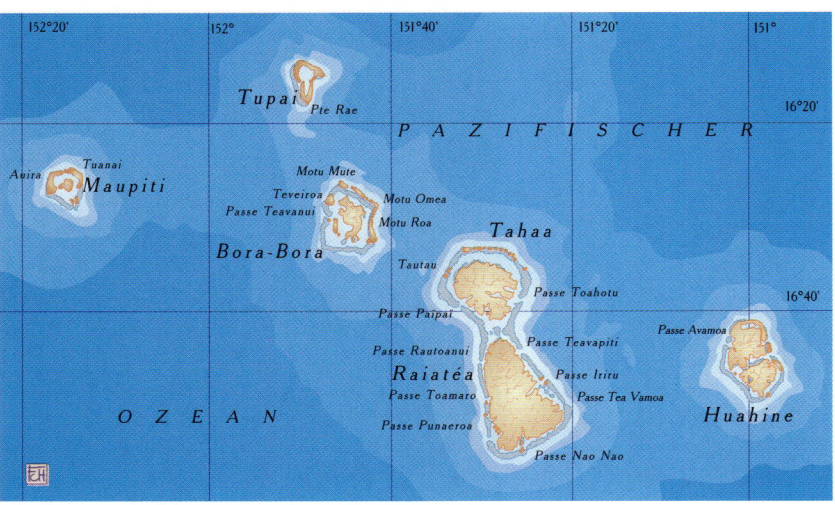

# 4 An den Enden der Welt

# Kalifornien von Norden bis Süden

## Für alles Gold der Welt

Bilder von Kalifornien, die derzeit über Internet oder die Film-, Sport- und Freizeitindustrie verbreitet werden, vermitteln den Eindruck vom einfachen Leben, von schönen Villen, weit verzweigten Megapolen und einer aufstrebenden Wirtschaft. Weniger bekannt ist, dass Kalifornien gemeinsam mit Florida das Litoral mit den weltweit größten Marinas besitzt und dass die Westseite des nordamerikanischen Kontinents von Baja California bis British Columbia einzelne, vollkommen unberührte Küstenstreifen und damit außerordentlich schöne Segelreviere aufweist. Leewärtiges Segeln vor Los Angeles wird man natürlich vermeiden, um nicht im *fog* zu ersticken, der von dort herüberweht, und um nicht eine der Pumpstationen zu rammen, von denen es in der Gegend nur so wimmelt. Die kalifornischen Segler haben jedoch herrliche Segelreviere unmittelbar vor der Haustür, zusätzlich zu den Tagestörns, die man, ausgehend von einer immer bestmöglich ausgestatteten Marina, *round the bay* unternimmt.

In Kalifornien wie in den Vereinigten Staaten überhaupt ist Segeln ohne Yachtclub undenk-

**In Kalifornien segelt man vor allem in den Buchten; Abstecher aufs offene Meer werden allerdings durch den Anblick zahlreicher Meeresbewohner belohnt, namentlich der Wale.**

bar. So auch in der Bucht von San Diego im äußersten Süden des Staates. Rund um ein großes, geschlossenes Gewässer ist eine Stadt aus dem Boden geschossen, die stets schwankt zwischen ihren deutlich spanisch geprägten Ursprüngen und den Superlativen Amerikas *made in California*. Ganz im Norden dieses lang gestreckten Meeresarmes, durch die steilen Felsen von Point Loma vor der hohen Dünung des Pazifiks geschützt, thront das Clubhaus vom San Diego Yacht Club, des SDYC, mitten auf einer künstlichen Insel, die eine ganze Reihe von Marinas beherbergt. In dem großen Holzbau prangen Trophäen vergangener Größen und Schwarzweißaufnahmen ehemaliger *commodores*, der Yachtclubpräsidenten, unter ihnen auch ein gewisser Dennis Conner. Seine Geschichte ist die eines kleinen Jungen aus der

Gegend, dem das Segeln im Blut lag und der nach anfänglichen Übungsläufen in den verschiedenen *youth programs* unter den Fittichen einer anderen lokalen Berühmtheit, des erfinderischen Segelmeisters Lowell North, seine Klassenkameraden bald weit hinter sich ließ. Der Mahlstrom, also der Sog, der den SDYC in das Fahrwasser dieser beiden Filous schleuste, die ihn, angefangen beim America's Cup bis hin zu Transatlantik-Rennen, von einem Sieg zum nächsten trieb, hat sich mittlerweile etwas gelegt.

Der San Diego Yacht Club ist wieder bei der Dreiheit aus Luxus, Gleichmut und Genuss angelangt, eine Gemeinsamkeit aller kalifornischen Segelclubs. Die Mitglieder kommen meist nur am Wochenende, um zwei, drei Schläge in der Bucht rund um eine Boje zu segeln und um ein paar der riesigen Vorsteven der Militärschiffe zu unterschneiden, die dort liegen, darunter auch Flugzeugträger und Atom-U-Boote. Oder, besser noch, zur Beobachtung der Wale, die sich im Juni und September an den kalifornischen Küsten sehen lassen. Wenn der Wind, wie so oft, in der Früh noch auf sich warten lässt, beginnt der Tag mit dem traditionellen Sonntags-Brunch, bevor die Familie zum Segelausflug aufbricht.

Etwas weiter nördlich stehen den Yachtenseglern von Newport Beach, Long Beach oder der Marina del Rey (mit sechstausend Plätzen die größte Marina der Welt) zusätzlich ein paar Inseln zur Verfügung, auf denen man ein geruhsames Wochenende verbringen kann. Ihre Namen lauten Santa Catalina und Santa Barbara; eine laue Meeresbrise macht das Segeln dort ebenso angenehm wie beschaulich. In den kleinen Häfen Avalon und Catalina Harbor gibt es gegen Entgeld Ankerplätze an Muringbojen, die einen vergessen lassen, dass man hier 25 Seemeilen von einer der größten Städte weltweit entfernt ist.

Eigentlich sind San Diego und die weiter nördlich gelegenen Orte jedoch der Startpunkt zu einer weitaus abenteuerlicheren Kreuzfahrt in Richtung Süden zu den mexikanischen Küsten der Baja California. Dies ist kein kleiner Törn (800 Seemeilen), ein Schiff kann man allerdings vor Ort chartern. Die Gegend ist einsam, das Wasser von herrlich tropisch-türkiser Farbe, und es ist sehr heiß. Die üppige Fauna auf dem Meeresgrund und an den Küsten ist einzigartig. Den wirklichen Auftakt zu dieser Kreuzfahrt aber bildet La Paz (160 000 Einwohner), wo in einem natürlichen Schutzraum, ehemals ein Schlupfwinkel für Piraten, drei Marinas entstanden sind. Hält man Ausschau nach Feinschmeckerlokalen, Modeboutiquen und schrillen Diskotheken, so wird man hier nicht fündig. Doch wer wilde Ankerplätze liebt, grandiose Landschaften, Tauchen, Tiere, Sonne, der wird ein einmaliges Segelrevier vorfinden. Voraussetzung ist allerdings, dass man an Bord vollkommen autonom ist.

Die Fahrt von Süd- nach Nordkalifornien ist in gewisser Weise eine Pilgerfahrt zu den Ursprüngen der Segelschifffahrt, so auch in der San Francisco Bay. Endstation der Kap-Hoorn-Reisenden, lang ersehntes Ziel der Goldsucher,

Geburtsstätte des unbekümmerten Amerika, kosmopolitisch und den wechselnden Einflüssen von Einwanderungsbewegungen und tellurischen Kräften unterworfen – San Francisco ist einzigartig. Aus den Nebelschwaden aufzutauchen und unter der Golden Gate Bridge herzufahren, ist ein Erlebnis, das jeden Seemann für ein Leben prägt. In Wahrheit sind auch die zahlreichen Schiffe in dieser Bucht nicht viel häufiger im Pazifischen Ozean unterwegs als ihre Kollegen in San Diego, aber wenigstens genießen sie das Privileg großer Herausforderungen: Strömungen, Nebel und kräftige Brisen sind in der Bucht die Regel. Dies war der Schauplatz so mancher Seefahrtslegende wie der des mitreißenden Tom Blackhaller und seines Sohnes im Geiste, des talentierten Paul Cayard. Die Rivalität zwischen den Regattaseglern aus Nord- und Südkalifornien erreicht alljährlich bei dem Rennen von Los Angeles nach Honolulu ihren Höhepunkt, wenn der Pazifik bei gefahrenem Spi mit voller Geschwindigkeit durchquert wird. Was in ihnen steckt, zeigen beim weltbekannten Trans-Pac Anfang Juli vor allem die kalifornischen Seeleute an Bord ihrer berühmten, eigens auf ihre Bedürfnisse zugeschnittenen »Schwimmschlitten«, der *sleds*, sowie der *Ultra Light Displacement Boats*, der langen, sehr schmalen und leichten »Zigarren«, die optimale Vortriebskraft bei Vorwindkurs bieten.

Segeln in der Bucht von Frisco heißt auch, der großen Stadt zu entfliehen und mit dem Abstand gleichzeitig einen unvergleichlich schönen Blick auf sie zu haben. Vom Schiff aus kann man auch die einzigartigen schwimmenden Häuser von Sausalito aus der Nähe betrachten. Dieses Viertel, nacheinander Zufluchtsstätte seefahrender Gauner, Ruhe suchender Künstler und Außenseiter jeder Art, profitiert von seinem Mikroklima; aufgrund der

*Oben und linke Seite:* **Von draufgängerischen Surfern bis hin zum America's Cup ist alles drin in der Bucht von San Diego und der benachbarten Mission Bay, die ein idealer Tummelplatz für sämtliche maritimen Vergnügungen sind. Dass etliche Wasserasse von hier stammen, nimmt nicht Wunder!**

kalten Winde, die die Sequoia, Riesenmammutbäume auf den Talmapias-Bergen, über dem Pazifik verursachen, scheint hier auch dann noch die Sonne, wenn sich in der Bucht überfallartig der Nebel ausbreitet. Man kann es den Seefahrern früherer Zeiten gleichtun und, nachdem man die wenig einladenden Küsten der Strafinsel Alcatraz umschifft hat, den Sacramento flussaufwärts fahren, um auf ein »Bud« an einem der Stege des berühmten Saint Francis Yacht Club festzumachen. Die »Bar der ersten und letzten Chance« ist unbedingt eine Wallfahrt wert. Dort wandelt man auf den Spuren eines illustren Gastes: Jack London, in

San Francisco geboren, aus dessen abenteuerlichem Leben auch über Positionen wie Matrose, Landstreicher, Goldsucher berichtet wird. Die ersten Honorare, die er als Schriftsteller verdiente, investierte er in den Bau der *Snark*, die ihn zu den reizvollen Ufern der Marquesas-Inseln bringen sollte.

Außerhalb der Bucht gibt es kaum nahe gelegene Segelreviere mit Ausnahme der Farralon-Inseln, die für viele Tierarten als ein besonderes Fortpflanzungsrevier gelten, darunter für Seelöwen, Robben und arktische Meereselefanten. Segelziele weiter nördlich sind die Ausnahme; erst in Seattle und im Puget Sound an der Nordgrenze des Landes findet man wieder eine zumindest im Sommer segelfreundliche Natur vor. Mit einem äußerst soliden und perfekt ausgestatteten Seekreuzer darf man sich auch in das herrliche British Columbia vorwagen, das sich jenseits der kanadischen Grenze auf einer

**Oben:**
**Wegen der kalten Strömungen entlang der kalifornischen Küste ist Nebel keine Seltenheit; das gilt auch für die Bucht von San Diego.**

Länge von mehreren Hundert Seemeilen mit seinem Labyrinth unberührter Inseln und geschützter Gewässer ausbreitet. Amerika – das ist im Osten wie im Westen gleichbedeutend mit einem schier unerschöpflichen Reservoir an ausgefallenen Segelzielen.

# Nützliche Tipps

### Die ideale Segelzeit

Südkalifornien eignet sich das ganze
Jahr über zum Segeln. Im Zentrum
und im Norden gibt es häufiger
Störungen infolge des Durchzugs von
Tiefdruckgebieten im Nordpazifik.
In San Diego herrscht meist trübes
Wetter; Los Angeles steht des öfteren
unter dem Einfluss thermischer Brisen;
in San Francisco geht ein beständiger,
mäßiger Wind, es ist nicht ganz so
warm, und die Jahresschwankungen
sind gering. Das Wasser ist recht kühl:
In San Francisco beträgt die Temperatur
im Hochsommer im Durchschnitt
17 °C.

### Die Anreise

Die Flugzeit von Europa nach Kalifornien liegt bei 11 1/2 Stunden.

Zahlreiche Luftfahrt-
gesellschaften bieten
Direktflüge nach Los
Angeles (50-minütiger
Anschlussflug nach San
Diego) oder San Francisco
an. Vor Ort finden sich
zahlreiche Chartergesell-
schaften, die Yachten für
Fahrten im näheren Um-
kreis vermieten.

### Notizen für
### das Logbuch

◆ Währung: US-Dollar
(1 $ = 1,84 DM /
0,94 Euro).
◆ Zeitverschiebung:
– 9 Stunden.
◆ Entlang der kaliforni-
schen Küste gibt es in
10 Seemeilen Entfernung
eine permanente Süd-
Nord-Strömung.
◆ Die vorherrschenden
Winde kommen aus
Nord-West und gehen auf
die Westflanke des auf der
Höhe der Küste liegenden Antizyklons
nieder.
◆ Man darf nichts ins Meer werfen, selbst
Essensreste nicht; auch die Verrichtung
natürlicher Bedürfnisse über die Reling
ist untersagt!

### Empfehlenswert

◆ Ein Brunch im San Diego Yacht Club
am Sonntag Morgen.
◆ Das Chart House Restaurant unweit
des Convention Center von San Diego,
wo Dennis Conner höchstpersönlich
verkehrt.
◆ In San Diego die Mission Bay am
Wochenende, ein Konzentrat kaliforni-
scher Lebensweise.
◆ Marina del Rey, der reichste Hafen der
Welt (sechstausend Schiffe, neun Yacht-

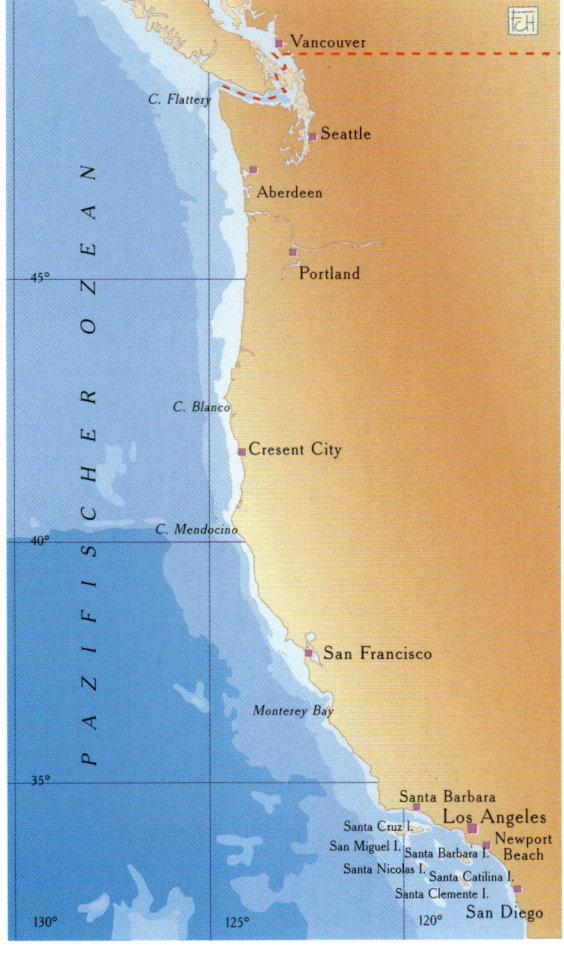

clubs und sechzehn Marinas), oder
amerikanischer Gigantismus in
Sachen Freizeitsegeln.
◆ Der Long Beach Yacht Club, Geburts-
stätte des *match racing,* und direkt
daneben das in ein Freizeitzentrum
umgebaute ehemalige Passagierschiff
*Queen Elizabeth.*
◆ In San Francisco unter der Golden
Gate Bridge segeln wie zu Zeiten der
Klipper, die einst vom Kap Hoorn
kamen, und eine anschließende Um-
rundung der Insel Alcatraz.
◆ Der Saint Francis Yacht Club in
der Marina Yacht Harbor neben dem
In-Viertel Pacific Heights.
◆ In Oakland Jack Londons ehemalige
Lieblingsbar »First and Last Chance«,
die noch immer existiert.

# Von Fremantle zu den Whitsundays

## Die Reize Australiens

Mit dem Segelschiff kamen sie einst an, und die Erinnerung daran ist lebendig. Von Sydney bis Fremantle legen die Australier eine uneingeschränkte Leidenschaft für den Segelsport an den Tag, und ihr Land und Kontinent kommen ihnen dabei sehr entgegen. In seiner unermesslichen Weite hat Australien – immerhin die größte Insel der Welt – zum Meer eine Beziehung, die alles in den Schatten stellt. Das gilt vom Großen Barriereriff bis zu den tropischen Regionen im Norden, von den verlassenen Küsten des Südens bis zur fantastischen Bucht von Sydney. Nehmen wir Perth beispielsweise, wo Segeln der Zeitvertreib Nummer Eins ist und bisweilen erstaunliche Formen annimmt. Der Swan River, der die Stadt mit Fremantle und dem Indischen Ozean verbindet, ist geradezu übersät mit Yachtclubs, die weit mehr sind als schlichte Unterstellplätze für Schiffe, nämlich regelrechte Zentren des gesellschaftlichen Lebens. Zweimal pro Woche, mittwochs und freitags, fahren mit quietschenden Reifen die Autos vor. Geschäftsmänner steigen aus und greifen, nachdem sie sich von ihren Krawatten befreit haben, nach

*Oben:*
**In Fremantle genießt man beim Krocketspiel den Blick auf vorbeifahrende Schiffe.**

*Linke Seite:*
**In Sydney lebt man auf dem Wasser, und das Boot liegt vor der Haustür. Freizeit ist in Australien meist untrennbar mit dem Meer verbunden.**

Sporttasche und Six-Pack. Frauen, Kinder, alle sputen sich, um nicht den Beginn des Twilight Race zu versäumen, die Regatta unterm Sternenhimmel. Nicht Kampf aufs Messer an jeder Boje, sondern Amüsement ist hier gefragt. Und je mehr ausgelassene Gemüter dabei sind, umso besser, weswegen jeder Eigner seine Freunde und die Freunde seiner Freunde, ja selbst zufällig vorbeikommende Fremde einlädt, denn Gastfreundschaft gilt hier viel. Die Schiffe bersten schier unter ihrer Last. Wenn um 18.30 Uhr der Startschuss ertönt, sind bereits etliche Kronkorken gelupft. Natürlich gibt es einen Parcours, den auch alle mehr oder weniger einhalten, wobei das Trimmen des Riggs allerdings eher zweitrangig ist. Zu beachten ist einzig, dass man nicht in den Nachbarn hineinläuft. Segeln darf auch, wer es noch

an paradiesischen Villen inmitten einer üppig-grünen Natur. Zurück im Club wird einer jener Barbecue-Abende eingeläutet, die den Austra-liern über alles gehen. Um Mitternacht ist end-gültig Feierabend, so wollen es die lokalen Gepflogenheiten; für die meisten Teilnehmer ist der Abend ohnehin seit längerem beendet. So sieht es also aus, das nautische Leben in Wes-tern Australia. Der Indische Ozean ganz in der Nähe eignet sich noch weitaus mehr für Re-gatten – 1987 fand dort die bislang spekta-kulärste Runde des America's Cup statt –, bietet aber auch die Möglichkeit für einen Abstecher zu den Rottnest-Inseln und zu einem der drei sagenumwobenen Felsvorsprünge, dem Leeu-win-Kap; von hier aus gelangt man ferner in einem zweiwöchigen Törn nach Tasmanien, zur Bass-Straße und nach Sydney.

nie versucht hat, nur der Spi ist untersagt. Hier käme niemand auf die Idee, sich beim Rückruf, wie es bei seriösen Rennen der Fall ist, wieder hinzusetzen; eher lustwandelt man am Bug-korb, vielleicht einem Flirt entgegen. Bei phänomenalem Licht (der Himmel über West-australien ist einer der klarsten der Welt) und mit einem restlichen Schub des so genannten Fremantle Doctor – die frische Meeresbrise be-wirkt ein wenig Linderung in dem bisweilen brütend heißen Klima – folgen die Schiffe dem Flusslauf, vorbei an Kricket- und Krocketspie-lern, die auf golfplatzähnlichen Rasenflächen, wie man sie in Schottland nicht schöner vor-fände, ihrem Lieblingssport nachgehen, vorbei

**Von Darling Harbour *(oben)* bis zur Oper *(rechte Seite)* sieht Sydney der Jahrhun-dertwende auf dem Wasser entgegen. Die Bucht wird der natürliche Schauplatz zu den Olympischen Spielen im Jahr 2000 sein.**

Auf der anderen Seite des Kontinents liegt die Bucht von Sydney, die, wie der Solent, der Newport Sound oder die Costa Smeralda auch, ein Gewässer von Weltruf ist. Im Jahr 2000 finden die Olympischen Spiele in Sydney statt, in der Sydney Bay werden Regatten mit den spektakulären 18-Fuß-Booten ausgetragen, ab-solut unwiderstehliche, libellenartige Jollen, die schnellsten weltweit. Und dort startet auch all-jährlich am 2. Weihnachtstag der große Klas-siker: das Sydney-Hobart-Rennen.

Der schönste Flecken für eine Kreuzfahrt in Australien aber befindet sich im Nordosten des Kontinents: der Archipel der Whitsundays. Ein bislang wohl gehütetes Geheimnis, in das je-doch allmählich weltweit immer mehr Segel-freunde eingeweiht sind. Der gesamte Nord-osten Australiens gehört zum Staat Queens-land; seinen Küsten vorgelagert ist das ge-meinhin als »achtes Weltwunder« bezeichnete Große-Barriere-Korallenriff. Dieses fantastische natürliche Riff aus Schwammkorallen, das sich Tag für Tag weiter ausbreitet, ist 2000 Kilo-

meter lang und bildet einen ausgezeichneten Schutzwall gegen die Dünung, die ein aus Südost wehender, den gesamten Südpazifik durchstreifender Passat hervorruft. Das mal in Küstennähe, mal in 100 Seemeilen Entfernung liegende Große Barriereriff – es ist einschließlich der Küstengewässer durchschnittlich 250 Kilometer breit – bildet eine endlos lange Lagune mit lauter Inseln, deren schönste sich hinter dem Namen Whitsundays-Archipel verbergen. James Cook entdeckte sie am Pfingstsonntag (daher der Name) des Jahres 1770; es handelt sich um eine Gruppe von vierundsiebzig dicht beieinander liegenden Inseln, ein fantastisches Kreuzfahrtrevier. Es sei nur daran erinnert, dass man sich hier auf der Höhe von Tahiti befindet (20° Süd), dass der Passat für Windverhältnisse sorgt, bei denen selten mehr als 20 Knoten erreicht werden, dass das Wasser flach, warm und reich an Fischen ist und die Gezeiten sich dennoch deutlich bemerkbar machen. Seit Cooks

Zeiten haben sich die Dinge kaum verändert. Das gesamte Gebiet gehört zum Weltkulturerbe der UNESCO und ist seit 1975 als Meeresnationalpark ausgewiesen (der größte der Welt!). Bestimmte Regeln sind auf den Whitsundays also einzuhalten. Einer zunächst eigenartig anmutenden Sitte zufolge muss der Schifffahrtsbetrieb um 16.20 Uhr eingestellt werden, und kein Boot darf seinen Ankerplatz am Morgen vor 8.20 Uhr verlassen. Dabei handelt es sich vor allem um eine Sicherheitsmaßnahme, da in einem so weitläufigen Gebiet eine Bebakung nicht möglich ist. Charterboote müssen über Funk ihre Tagesroute der Landstation übermitteln, eine verständliche Auflage, die durch die Beschaffenheit der Whitsundays mehr als gerechtfertigt ist. Diese mal flachen, aus Korallen gebildeten, mal hügeligen Inseln, durch Kanäle voneinander getrennt, bieten wechselweise ein Idyll aus weißem Sandstrand oder Kiefern- und Akazienwäldern, wie man sie

auch von den großen Seen Kanadas her kennt.
Auf dem Weg von einer Flussmündung oder
einem zerklüfteten Fjord zum nächsten bewegt
man sich zwischen Korallenbänken, die aus
dem Wasser ragen (*bommies* genannt), in einem
dichten Dschungel, der zu einer Seite hin sanft
abfällt, bis das Wasser mit seiner unveränder-
lichen Temperatur von 22 °C in strahlendem
Türkis vor einem liegt.

Von Hamilton Island aus, das oft angeflogen
wird und deshalb als Ausgangspunkt dient,
kann man die Umrisse von Whitsundays Island
und Hook Island mit seinem herrlichen Ankerplatz Nara Inlet erkennen, wo von Aborigines
bemalte Höhlen zu sehen sind und Wasserfälle,
die in natürliche Becken münden. Fast sieht
man Tarzan vor sich ... Am Strand von Whitehaven muss man gewesen sein; er gehört in
seiner Gattung unbestritten zu den Top Ten
weltweit: drei Kilometer makelloser Sand, nein:

**Oben:**
**Das riesige Korallenriff**
**vor dem Archipel**
**der Whitsundays bildet**
**einen wirksamen**
**Schutzwall gegen die**
**Attacken des Pazi-**
**fischen Ozeans.**

Puder, umgeben von Wasser in schönstem Süd-
seeblau. Wie so oft auf den Whitsundays haben
sich Gezeiten und Korallen auch hier verbün-
det, um die Schiffe auf Abstand zu halten; Katamarane, die näher heranfahren könnten, sind
eher selten. Die Pforten zu diesem Paradies
öffnen sich einem also nur nach einer weiteren
Reise in einem kleineren Boot oder einigen
kräftigen Schwimmzügen. Am Tag darauf wird
man Kurs gen Osten nehmen, zum Großen Barriereriff. Oder man wird an Bord eines Wasser-
flugzeugs das Herz des Riffs ansteuern, nämlich
Hayman Island, wo gleichzeitig die Grenze für
den Schifffahrtsbetrieb liegt. Oder aber man
fährt ganz in den Norden nach Lizard Island,
wo die Riffwand in den Tropenwald übergeht
und wo Riesenmuscheln und Weißbauch-See-
adler unmittelbare Nachbarn sind. Hier wird
man sich mehr als andernorts bewusst, wie unendlich groß und schön die Welt ist ...

# Nützliche Tipps

### Die ideale Segelzeit

Von Juni bis Oktober, der Zeit des australischen Winters, denn dann ist es trocken, und es herrscht bestes Tropenklima. Die Regenzeit fällt heftig aus, wiederholte Schauer sind die Regel. Die Durchschnittstemperatur liegt zwischen 24 und 32 °C. Der australische Sommer mit seinen Hitzewellen und Temperaturen von über 40 °C ist nicht zu empfehlen.

### Die Anreise

◆ Mit der Segelyacht: Es gibt nur eine Lösung: Chartern vor Ort. Die Dauer einer Überfahrt von Europa in das weit entfernte Australien hat wohl nur abschreckende Wirkung ... Katamarane, die sich ausgezeichnet für diese Breiten eignen, sind – leider – noch weit in der Unterzahl.

◆ Mit dem Flugzeug: Zweiundzwanzig Stunden Flug nach Sydney mit Air New Zealand, von dort noch einmal drei Stunden Flug. Ansett und Australian Airlines fliegen auch andere Ziele im Inland an. Schiffstaxis, Wasserflugzeuge oder Hubschrauber bieten zu annehmbarem Preis Charterfahrten von der Küste zum Großen Barriereriff an.

### Notizen für das Logbuch

◆ Währung: Australischer Dollar

◆ Zeitverschiebung: + 10 Stunden.

◆ Nachtverkehr ist wegen der zahlreichen Korallenriffe nicht nur unmöglich, sondern auch strengstens untersagt.

◆ Im Großen Barriere-Korallenriff segelt man am besten mit einem erfahrenen Skipper, da eine Fahrt dort wegen der Strömungen und Gezeiten durchaus risikoreich ist.

◆ Die Unterwasserjagd ist praktisch im gesamten Gebiet der Whitsundays untersagt, Marline werden von September bis Dezember gefangen.

### Empfehlenswert

◆ Hardy Reef auf der Höhe von Hayman Island.

◆ Airlie Beach und Shute Harbour, natürliche Häfen für Charterboote.

◆ Eine Besichtigung des Großen Barriereriffs aus der Luft mit dem Wasserflugzeug – sehr lohnenswert.

◆ Whitehaven Beach an der Ostküste der Insel Whitsunday.

◆ Nara Inlet auf Hook Island, seit jeher der beste Ankerplatz der Whitsundays.

◆ Die Ansett Hamilton Island Race Week, das Pendant zum Seglertreffen in Antigua mit den spezifischen Besonderheiten der südlichen Hemisphäre.

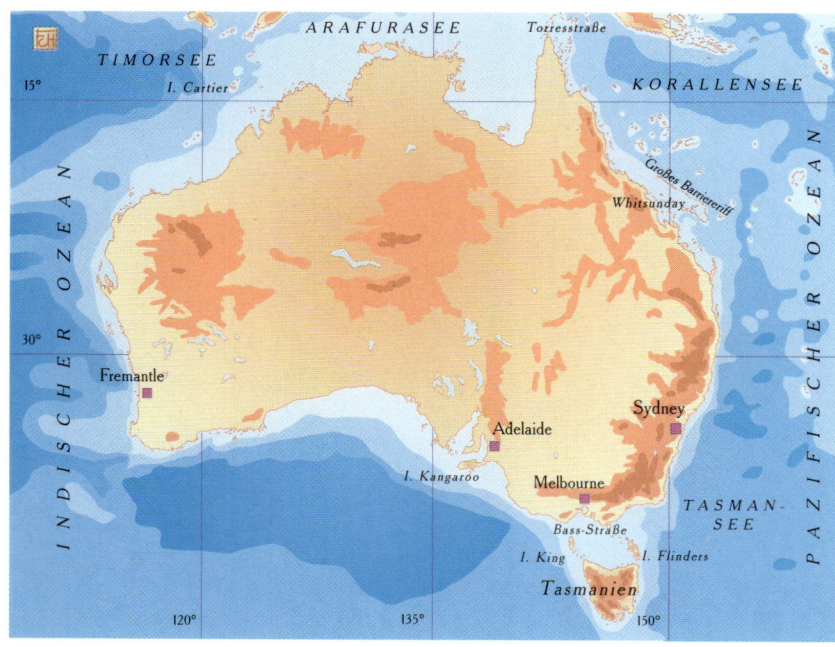

# Neuseeland

## Von der Zukunft des Segelsports

Neuseeland hat einen Haken: Ist man lange Zeit dort gewesen, möchte man vor allem eines, nämlich wieder dorthin zurück – und zwar für immer! Dass die berühmten »Kiwis« (*nickname* für die Bevölkerung, abgeleitet von der auf Neuseeland heimischen Frucht sowie der neuseeländischen Familie der Straußenvögel) die heutigen Herren der Meere sind, ist allseits bekannt, auch dass sie sämtliche Segelrennen gewonnen haben, die man sich nur denken kann, vom America's Cup über den Admiral's Cup bis hin zur Jules-Vernes-Trophäe und anderen Weltumsegelungen. Nicht ein Gewässer, in dem sie nicht siegreich gewesen wären, weswegen sie auch würdige Gastgeber sein werden, wenn sie den Rest der Welt im Jahr 2000 in der Bucht von Auckland zur 30. Ausgabe des America's Cup empfangen werden. Die Neuseeländer haben die preiswertesten Werften, die erfinderischsten Architekten und die kreativsten Segelmacher, die berühmtesten Skipper und die hartgesottensten Mitsegler, die im Fahrwasser eines »Sir« Peter Blake segeln, der sich seinen Adelstitel dadurch erwarb, dass er bei ausnahmslos allen großen Regatten einen Sieg errang. Die Vorstellung, diese Seeleute vom anderen Ende des Planeten würden die Meere kreuz und quer befahren,

**Ein Litoral wie geschaffen für die Kreuzfahrt, begeisterte und erfinderische Seeleute, Schiffe allüberall: Neuseeland ist die Heimat des Segelsports schlechthin.**

*Linke Seite:*
**Im Zentrum von Auckland am Hafen.**

um ihrem isolierten Fleckchen australischer Erde einmal zu entkommen, mag auf Anhieb bestechen. Doch weit gefehlt! Die Neuseeländer sind deshalb so gute Segler, weil sie schon von Kindesbeinen an ihre Heimat umsegeln, bei der es sich in erster Linie um eine Insel handelt, aber auch um ein herrliches, sehr ursprüngliches Fahrtenrevier.

*Aotearoa* – Land der langen weißen Wolke: Diesen hübschen Namen gaben die Maori – die einheimische Bevölkerung, seit 1840 den Weißen gleichgestellt – ihrer Wahlheimat, die sie erreichten, nachdem sie den Pazifik von Insel zu Insel durchquert hatten. Auf den Spuren des holländischen Forschungsreisenden Abel Tasman, der den Landstrich im Jahr 1642 für die westliche Welt entdeckte, und James Cooks, der 135 Jahre später bei einem längeren Aufenthalt genauere Kenntnisse über die Insel erwarb, fand 1840 mit dem Abkommen von Waitangi schließlich die Inbesitznahme Neu-

seelands durch die Europäer (britische Kron-
kolonie) statt. Dieses noch relativ junge Datum
liefert einen Teil der Erklärung für ein her-
vorstechendes Merkmal Neuseelands: das teils
harmonische, teils gegensätzliche Zusammen-
wirken der europäischen und der Maorikultur,
das vor allem in geografischen Bezeichnungen
seinen Niederschlag fand. Gemeinsam war den
Männern und Frauen, die einst ihren Fuß auf
diese Erde setzten, nur eines: Sie waren allesamt kühne Navigatoren!

Wenn man Neuseeland bereist, ist man stets auf
Tuchfühlung mit der Geschichte. Nicht nur,
weil sie sich relativ leicht zurückverfolgen lässt
und im kollektiven Gedächtnis sehr präsent ist,
sondern auch, weil das Land unversehrt geblieben ist und sich seit der Zeit der ersten
Siedler praktisch kaum verändert hat. Genau
darin liegt einer der großen Vorzüge von »Ki-
wiland«, dessen Natur kaum in Mitleidenschaft
gezogen werden kann angesichts von knapp
dreieinhalb Millionen Einwohnern, die sich
über ein Gebiet verteilen, das vergleichsweise
von Schottland bis zum Mittelmeer reichen
würde. Das ist auch keineswegs die Absicht der
Neuseeländer, die im Gegenteil einen außerordentlichen Sinn für Fragen der Umwelt
haben und sehr empfindlich reagieren können,

wenn es etwa darum geht, den Schutz der
Flächen zu gewährleisten, die sie in bewachte
Naturparks umgewandelt haben.

Auckland ist die größte Stadt und Provinz-
hauptstadt von Neuseeland, gelegen auf einer
Landenge der Nordinsel. Das Leben in Auckland, auch »Stadt der Segel« genannt, ist geprägt vom Hafen. Neben den Handelsschiffen
(Ausfuhrhafen für landwirtschaftliche Erzeug-
nisse) finden sich in der Bucht zu großen Bootstreffen auch sämtliche Segelyachten aus dem
Umland ein, etwa zur Weltregatta Whitbread;
der nächste America's Cup ist in dieser Hinsicht
rekordverdächtig. Das großräumige Auckland,
dessen Häuser von hübschen Gärten umgeben
sind, liegt am Ende des Golfs von Hauraki, der
auch Inseln mit so schönen Namen wie Rangitoto, Motutapu, Waiheke, Rotoroa, Ponui,
Pakihi oder die Halbinsel Whangaparaoa beherbergt. Für all diese nahe gelegenen, mit dem
Segelboot bequem zu erreichenden Ziele ist
Auckland der ideale Starthafen.

Der große Klassiker der Aucklander ist der
Square Cruise – eine Kreuzfahrt »im Karree«: in
einem fast rechtwinkligen Viereck steuert man
drei der Hauptziele an, ohne die zum Teil geschützten Gewässer des Hauraki-Golfs zu verlassen. Nordwärts fährt man aus der Bucht von
Auckland zunächst auf die Insel Kawau zu,
einem Segelziel ganz im Sinne der Neuseeländer: keine Straßen, sondern Wege, die sich
durch dichte Vegetation schlängeln, keine
Hotels, keine Läden, lediglich ein paar *bachs*,
Ferienhäuser der wohlhabenderen Aucklander,
die eher an kanadische Hüttenbauten erinnern
als an luxuriöse Villen. Angeln, ein kurzer
Segeltörn mit Freunden, Jakobsmuscheln oder
Fischfilet mit einem Bier – mehr braucht es
nicht. Als einziges äußeres Zeichen ihres Reich-
tums parkt möglicherweise ein Hubschrauber
vor der Tür, der die Wege von und nach Auck-

land erleichtert. Einen vergleichbaren Lebensstil pflegt man auch auf Great Mercury, wenige Seemeilen vor der Küste im Pazifik gelegen; Ankerplätze auf der Privatinsel, die sich im Besitz des berühmten Bankiers Michael Fay befindet, stehen demjenigen offen, der Ruhe und Natur respektiert. Am Strand sieht man Familien, und im Hinterland hütet Toby Morcom, der Präsident des Yachtclubs, der 1988 beim America's Cup für viel Aufregung sorgte, noch immer auf dem Motorrad seine Schafe.

Im weiteren Verlauf des Square Cruise gelangt man nach Osten in eine ganz andere Welt, zur Great Barrier Insel, sofern man die Erlaubnis erhalten hat, dort vor Anker zu gehen. Der Nationalpark, der mit dichtem Urwald bestanden ist, bietet Bilderbuchbedingungen für das Leben von Vögeln, Insekten oder Reptilien, die es nirgends sonst auf der Welt gibt. Die

**Die in der Regel sattgrünen Küstenregionen sind nicht das einzige Segelrevier Neuseelands; auch Seen wie der Wakatipu-See *(oben)* auf der Südinsel bieten sich dafür an.**

Strecke zurück nach Auckland schließlich führt entlang den zahlreichen Ankerplätzen der Halbinsel Coromandel.

Zieht man das offene Meer vor, so kann man mit Kurs gen Norden ein weiteres Lieblingsziel der Neuseeländer in Angriff nehmen, das mit 80 Seemeilen einen Tagestörn entfernt liegt: die Bay of Islands. Hier inmitten tiefer Reeden und sattgrüner Landzungen wurde Landesgeschichte geschrieben. James Cook (1728–1779, der auf der ersten seiner drei Weltumsegelungen erkannte, dass Neuseeland eine Doppelinsel ist) landete hier, der französische Navigator Marion Dufresne fand auf der Insel den Tod, und hier errichtete man auch Russell, die erste Hauptstadt des Landes, die sich zur »Spelunke des Pazifiks« mauserte. Abenteurer, Händler, leichte Mädchen und ruchlose Bukaniers hatten sich hier in einer Art Unterwelt eingerichtet, in der vor Unterzeichnung des Abkommens von

Waitangi mit Gewalt für Ordnung gesorgt wurde. Die Stadt gibt es noch, die Häuser im Kolonialstil und Spuren alter befestigter Maorisiedlungen im Umkreis sind erhalten. Das Städtchen Opua am Ende der Bay of Islands ist ein Zentrum des Freizeitsegelns. Dank der Bootsvermieter vor Ort kann man die Reize dieser Gegend erkunden, ohne den langen Seeweg von Auckland zurücklegen zu müssen. In Opua werden die Segel für eine Erkundung gehisst, die von einsamen Ankerplätzen zu verschiedenen Maoristätten durch eine unberührte Region führt, in der das Licht des Südpolarsommers jeden Morgen aufs Neue den Dekor für ein Epos aus der Zeit der großen Seefahrer liefert. Das Meer erinnert an Schottland, die Hügellandschaft an die Auvergne oder das Limousin; die weißen Steilfelsen zu ihren Füßen sind von winzigen, stark zerklüfteten Buchten gesäumt, die bei Ebbe weißer Sand

**Die Neuseeländer waren beim America's Cup 1995 siegreich und müssen den Pokal im Jahr 2000 gegen den Rest der Welt verteidigen: ein ausgezeichnetes Alibi, um zuvor so oft wie möglich auf ein paar Schläge in der Gegend von Auckland unterwegs zu sein.**

bedeckt. Das Wasser ist im Sommer sehr angenehm, es gibt viele Fische, und an den Ankerplätzen liegen selten mehr als zwei oder drei Schiffe. Das Wetter ist wechselhaft, und sollte zufällig eine Front aus den tosenden Tiefen der »Brüllenden Vierziger« heranziehen, ist es höchste Zeit, an Land zu gehen und den Hügel zu erklimmen, an dessen Fuß das Boot festgemacht ist. Neuseeland ist ein junges Land, in dem das Savoir-vivre der ältesten Zivilisationen der Welt lebendig ist.

# Nützliche Tipps

### Die ideale Segelzeit

Am geeignetsten ist die Zeit des australischen Sommers – wenn in Europa Winter herrscht –, insbesondere die Monate
Februar und März. Neuseeland liegt in
einer Zone von ozeanisch geprägtem
subtropischem Klima (gemäßigt mit
vorherrschenden Westwinden); Segeln
ist das ganze Jahr über möglich. Im Juli,
August und September ist es deutlich
feuchter.

### Die Anreise

Keine Halbheiten, denn es gibt kein Ziel,
das weiter weg läge!
◆ Mit der Segelyacht: Starthäfen sind
Auckland für eine Kreuzfahrt im Golf
von Hauraki oder Opua für einen Aufenthalt weiter nördlich in der Bay of Islands.
Eine Kreuzfahrt in der Südinsel beginnt
in Wellington und führt in die Cook-
oder die Christchurch-Straße. Von Vorteil
ist die Tatsache, dass man so gut wie

sicher mit einer leistungsfähigeren
Segelyacht unterwegs sein wird, als man
es von Charterunternehmen in Europa
gewohnt ist. Vor nichts graut den
Neuseeländern mehr als vor Schiffen,
auf denen man
nicht vorwärts
kommt, und
angesichts des
Klimas leisten sie
sich gute und
solide Yachten.
◆ Mit dem
Flugzeug: Air
New Zealand via
Los Angeles ab
Frankfurt oder
London, Quantas
mit Abflug in
Paris via Singapur
und Sydney oder
British Airways
und Cathay
Pacific. Man
muss mit
sechsundzwanzig
Stunden reiner
Flugzeit und
einer Gesamt-

reisezeit von etwa dreißig Stunden
rechnen.

### Notizen für das Logbuch

◆ Währung: Neuseeländischer Dollar.
◆ Zeitverschiebung: + 12 Stunden; mehr
geht beim besten Willen nicht!

### Empfehlenswert

◆ Der Royal NZ Squadron abends nach
Ende der Mittwochsregatta.
◆ Golf von Hauraki, an einem Starttag
zum Whitbread. Manche fahren sogar im
Boot vor!
◆ Das Clubhaus des Mercury Bay Boating
Club: ein flaschengrüner Ford Zephir
Mark II, Jahrgang 1956.
◆ Blaue, schwarze und gestreifte Marline
und Weißer Thun, sofern sie sich fangen
lassen.
◆ Die Rainbow Falls, wenn man den
Meeresarm Kerikeri landeinwärts fährt.
◆ Die Tira Hora Lodge in Bay of Islands.

◆ Russell, die »Spelunke des Pazifik«,
oder was davon übrig ist ...
◆ Die Bucht von Whangaroa Harbour in
der Bay of Islands und direkt daneben
die Bucht von Pekapeka.
◆ Der Marlborough Sound zwischen den
beiden großen Inseln ist ebenfalls ein
ausgezeichnetes Kreuzfahrtrevier.
◆ Viaduct Basin beim America's Cup im
Jahr 2000 – seien Sie dabei!

# Kap Hoorn und Feuerland

## Die Kreuzfahrt schlechthin

Kap Hoorn – für einen Segler klingt der magische Name wie »Everest« für Bergsteiger. Die Fantasie entzündet sich, Legenden, die man mit Spannung gelesen hat oder von denen man noch aus der Schule weiß, werden wach, die Geschichte drängt sich auf. Ein nüchterneres Gestein, ein unheilvolleres Kap, ein schwierigeres Segelziel gibt es kaum. In Berichten alter Seefahrer wird es als der schlimmste Menschenschlächter in jener Zeit bezeichnet, da die großen Segelschiffe auf ihrem Weg zu den kalifornischen Goldminen keine andere Wahl hatten, als sich gegen die Stürme des Südpazifiks in die Höhle des Löwen zu stürzen; die Kanäle von Feuerland galten damals als zu gefährlich. Die Umrundung des »unbarmherzigen Kaps« gegen Wind und Strömungen am südlichsten Zipfel des amerikanischen Kontinents war damals eine Art russisches Roulette. An Bord ihrer schwer beladenen und schlecht ausgerüsteten Schiffe, die ein Spielzeug des Windes waren, blieb den Seemännern nur noch, sich zu bekreuzigen, bevor sie in die Drakestraße einfuhren. Dies ist ganz einfach eine der schlimmsten Gegenden aller

**Dank der windungsreichen Kanäle Feuerlands kann man in einer der faszinierendsten Gegenden der Erde geschützt segeln. Der Himmel allerdings ist selten klar, und mit plötzlichen, sehr heftigen Windböen muss man jederzeit rechnen.**

Ozeane, und am besten hält man sich hier nicht allzu lange auf, wenn die Dünung, die rund um die Erde auf der Höhe des fünfzigsten Breitengrades anschwillt, auf die Felsenplatte aufschlägt, in die die äußerste Spitze Lateinamerikas ausläuft. Durch den Korridor, durch den sich die Tiefdrucklagen des Südpazifiks mit Gewalt einen Weg bahnen müssen, um die Andenkordilleren zu umgehen, bekommen die tobenden Winde, die auf das Relief auftreffen, zusätzlichen Schub. Phänomene wie dieses haben die Legende von Kap Hoorn gemacht. Dann kam die Dampfschifffahrt, und die Eröffnung des Panamakanals setzte dem Heldenepos der Kap Hoorner ein Ende. Die Natur hat sich indes nicht verändert.

Heutzutage finden praktisch jedes Jahr Regatten rund um den sinistren Felsen statt, jedoch mit unvergleichbar geringerem Risiko: Die Schiffe sind schneller, solider, das Material ist belastbarer, die Menschen sind besser ausgerüstet und ernährt, es gibt Wettervorhersagen, die immer präziser werden. Und vor allem richten die meisten Segler es ein, das Kap in der »schönen« Jahreszeit zu umrunden. Kap Hoorn bleibt jedoch, was es ist und immer war. Und abgesehen vom Felsen selbst liegt die Schwierigkeit in der Strecke, die man zurücklegen muss, bevor man diese Breiten erreicht, und im Weg zurück entlang der ungastlichen Küsten Chiles oder Argentiniens oder schlimmer noch: in der Überquerung des nicht enden wollenden südlichen Pazifiks.

Fahrtensegeln vor Kap Hoorn – wirklich ein Ding der Unmöglichkeit? Nicht unbedingt. Am Ende des südamerikanischen Kontinents, jenseits der Grenzen Patagoniens, liegt Feuerland, das vor allem ein beziehungsreiches Gebilde aus Wasser und Land ist, ein Labyrinth, das seinem Namen keine Ehre macht, denn es ist vor allem ein kaltes Land, teilweise eisbedeckt, vom Wind gebeutelt, karg, fast öde. Wie erklärt sich aber die Tatsache, dass die besten Navigatoren, die eines Tages dem Pazifischen Ozean die Stirn boten und an einer Regatta um das Hoorn teilnahmen, nur eines im Sinn haben,

## Klipper

Sie dienten als Transportschiffe und waren dafür ausgelegt, im Handelsverkehr mit Indien, China und Kalifornien die langen Strecken beladen mit Tee, Jasmin oder Gold möglichst schnell zurückzulegen; sie als interplanetare Raketen des 19. Jahrhunderts zu bezeichnen, ist kaum übertrieben. Sie meisterten auch Fahrten in den schwierigsten Breiten und umrundeten ungeachtet der Jahreszeit jedes Kap. Es ging ums Geschäft: Wer die Ladung als Erster ablieferte, erzielte den besten Preis. Die Klipper, gebaut aus Holz, Metall oder beidem, bestachen durch ihren niedrigen, schmalen Rumpf und waren in der Regel als Vollschiff getakelt; Seeleute damals betrachteten sie als das Paradestück unter den Segelschiffen. Der berühmteste und größte Klipper war die *Flying Cloud*, die unter dem strengen Regime ihres Kapitäns Josia Perkins Cressyn die legendäre Strecke New York – San Francisco über Kap Hoorn in 89 Tagen und 8 Stunden zurücklegte, ein Rekord, der 135 Jahre hielt und erst 1989 von dem Amerikaner Warren Lurhs an Bord der *Thursday's Child* gebrochen wurde.

nämlich dorthin zurückzukehren zu einer Kreuzfahrt der Extreme? Warum landen Seekreuzer, die rund um die Welt segeln und eigens dafür gebaut wurden, um vom Meer der Tonga-Inseln bis nach Alaska den Planeten zu durchstreifen, ausgerechnet hier? Und warum würden diejenigen, die einmal die Gelegenheit hatten, in dieser Gegend am Ende der Welt zu kreuzen, lieber heute als morgen aufs Neue starten?

Wenn es soweit ist, gibt es zwei Möglichkeiten: Entweder man hat das Glück, sich auf einer großen Yacht einzuschiffen, deren Weg nach Kalifornien oder zu den Galapagos-Inseln über Feuerland führt, oder man wendet sich an die wenigen Unternehmen, die für diese Region Charterangebote bereithalten – die man getrost als extrem bezeichnen darf!

Bei der ersten Variante werden Träume wahr. Die Höllenfahrt findet an Bord eines seegän-

gigen Schiffes statt, das für weite Strecken konzipiert und jeder Wetterlage gewachsen ist. Die letzte »zivilisierte« Station an der Atlantikküste ist Mar del Plata in Argentinien. Jenseits gibt es praktisch keine Häfen oder geschützten Buchten mehr; die Küste ist den Pamperos ausgeliefert, Windböen, die auf den Ozean niedergehen, nachdem sie über das patagonische Land hinweggefegt sind, ohne auch nur das geringste Hindernis anzutreffen. Auf der Halbinsel Valdés sind hin und wieder Wale zugegen,

im Schutz des Gayaneco-Archipels und hat auf diese Weise zwischen dem Golf von Penas und der Magellanstraße sicheres Gewässer. Am Fuß der Andenkordilleren bietet sich einem ein ebenso beeindruckendes wie karges Bild: schroffe Felswände, spärliche Vegetation, vom Wind zerstobene Wasserfälle, riesige Gletscher, von denen hin und wieder tonnenschwere Brocken mit Riesengetöse in das Wasser niedergehen. Der Wind ist unberechenbar und heftig; es handelt sich um die berühmten Williwaws.

die sich dort vermehren; ansonsten gibt es auf den etlichen Hundert ungemütlichen Seemeilen Richtung Süden nur ganz vereinzelt einmal ein sicheres Fleckchen oder einen zumeist fast verlassenen Fischerhafen im Nirgendwo wie Caleta Hornos, Caleta Helena, Camarones, Puerto Deseado oder Puerto San Julián. Es folgen die Einfahrt zur Magellanstraße und schließlich Feuerland – die nach den Indianerfeuern benannte Inselgruppe, die F. de Magalhães 1520 nachts aufleuchten sah. Auf der Seite des Pazifiks ist die Natur kaum wohlwollender, doch fährt man streckenweise

*Oben:*
**Ushuaia, das wirkliche Ende der Welt, ist die letzte Station vor dem sagenumwobenen Kap Hoorn; man erreicht es von Argentinien aus.**

*Linke Seite:*
**Auf chilenischer Seite ist Puerto Williams der letzte Hafen.**

Das Wasser ist kalt, aber voller Leben: Seelöwen, Robben, Schwäne und Meeresvögel jeder Art sind hier heimisch. Die wenigen Indianerstämme, die sich einst in diese unwirtliche Gegend retteten, sind heute fast ausgestorben, nachdem europäische Forschungsreisende Mikroben eingeschleppt hatten, gegen die sie keine Immunabwehr hatten. Ihre Art der Verständigung erfolgte über Feuerzeichen und hält mit dem Namen »Feuer«land die Erinnerung an sie wach.

Und schließlich erreicht man den äußersten südlichen Zipfel des südamerikanischen Konti-

von einem ungeheuren natürlichen »Sprengkörper«, der förmlich darauf wartet, beim Durchzug eines Tiefs zu explodieren. Diese Naturgewalten sollten einen jedoch nicht daran hindern, sein Glück zu versuchen und nach Verlassen des Beagle-Kanals, den man in zwei oder drei Tagestörns Richtung Osten durchquert hat, bei schönem Wetter das etwa hundert Seemeilen weiter südlich gelegene Kap Hoorn anzusteuern. Mit Kurs auf die Wollatson-Inseln lässt man die letzten Gipfel der Isla Navarino hinter sich. Bei schlechtem Wetter bleibt einem nichts anderes übrig, als einen Unterschlupf zu suchen und am Ankerplatz abzuwarten. Bei anhaltend schlechtem Wetter allerdings wird man Abstecher an Land nicht unbedingt als Vergnügen empfinden, denn eisiger Wind, Torfmoore und harte Getränke gehen auf die Dauer an die Substanz. Kommen Wind und Dünung von Osten, so wird man sich von der Aussicht verabschieden müssen, bald schon auf dem kleinen Strand zu landen und die drei Freiwilligen zu besuchen, die am höchsten Punkt Kap Hoorns ihren Militärdienst leisten – und nur alle drei Monate abgelöst werden. Ihr Reich besteht aus sechs Quadratkilometern, einer Hütte für die Radaranlage, einer weiteren für die Männer und einer Kapelle für die Ewigkeit. Und wenn man so weit gekommen ist, sollte man sich nicht beklagen, wenn der Wind einmal innerhalb weniger Minuten Stärke 10 erreicht und man sich schnellstens aus dem Staub machen muss. Die Natur ist nicht wirklich feindlich hier, nur für den Menschen ist sie eben nicht geeignet . . .

nents und Kap Hoorn. Zwei Länder, Chile im Westen und Argentinien im Osten, teilen sich die Region, ohne dabei einen sonderlich freundschaftlichen Umgang zu pflegen: Kap Hoorn ist chilenisch; die letzte Stadt auf der Seite des Pazifiks ist Punta Arenas, ihr äußerster Stützpunkt Puerto Williams, ein im Wesentlichen militärischen Zwecken dienender Hafen. Das Pendant auf argentinischer Seite heißt Ushuaia und befindet sich an der Einfahrt zum Beagle-Kanal; es ist ein Zufluchtsort für Fischerboote, Militärschiffe und die wenigen Freizeitcharteryachten, die hier unterwegs sind. Ushuaia ist eine Stadt mit etwa dreißigtausend Einwohnern, hin und her gerissen zwischen Eldorado und Far West, eine triste Mischung aus Fertighäusern, japanischen Geländewagen, Tax-free-Läden und verrauchten Bars, die trotz einer bunt zusammengewürfelten Kundschaft den Extremreisenden meist noch erkennen lässt.

Der Eindruck, hier am Ende der Welt zu sein, liegt nicht eben fern, und das zwei Schritte weit

*Oben und rechte Seite:* **Jenseits von Kap Hoorn gibt es ausschließlich Ozean. Hier finden sich nur noch wenige Schiffe, die Abwechslung in die lokale Fauna bringen . . .**

# Nützliche Tipps

### Die ideale Segelzeit

Von Dezember bis Mitte März, wenn in diesen Breiten Sommer herrscht, was allerdings keine Garantie für schönes, trockenes Wetter und angenehme Temperaturen ist.

### Die Anreise

◆ Mit der Segelyacht: Man kann von Neuseeland starten, doch ist die Strecke von Auckland nach Kap Hoorn eine der längsten (4829 Seemeilen) und schwierigsten überhaupt (extreme Stürme, riesige Wellen, Kälte und Eisberge). Von Valparaiso (Chile) oder Mar del Plata (Argentinien) aus ist die Fahrt kürzer, doch kaum erfreulicher. Nur für ausgewiesene Hochseenavigatoren, die zudem jede Schikane in Kauf nehmen!

◆ Mit dem Flugzeug: Die »klassischere« Anreise; Ushuaia erreicht man per Anschlussflug ab Buenos Aires. Von Chile aus gelangt man über Santiago und Punta Arenas nach Puerto Williams.

### Notizen für das Logbuch

◆ Währung: Peso; Dollar sind überall willkommen.

◆ Zeitverschiebung: – 3 Stunden

◆ Für Chile benötigt man ein Visum.

### Empfehlenswert

◆ Die Wale rund um die Halbinsel Valdés.

◆ See-Elefanten, Pinguine, Biber und Gletscher.

◆ Ushuaias »Spelunken«.

◆ Kap Hoorn!

# Register

**A**dmiral's Cup 11, 14, 177
Ägaden-Archipel 95
Ägadische Inseln 93, 95
Ägina 107
Agay 76
Agriates 81, 85
Airlie Beach 175
Aix 54, 56
Ajaccio 85, 86, 88
Alaska 184
Alcatraz 167, 169
Alcaufa 98
Aldabra Islands 145
Alghero 93
Alonisos 112
Ambrose (New York) 63
America's Cup 11, 59, 60, 63, 166, 167, 172, 177–181
*American Eagle* 63
Amiranten 145
Anguilla 131, 133
Anonyme 146
Ansett Hamilton Island Race Week 175
Antakya 118
Antibes 76, 79, 88
Antigua 131, 133, 134
Antigua Sailing Week 133
Antigua Yacht Club 135
Anzio 95
Äolische Inseln 81, 93
Aran-Inseln 22
Arcachon 55
Argentinien 184, 186
Argos 112
Aride 144
Arlet 123, 129
Armadale 30
Ars-en-Ré 54
Arz 48
Arzon 48
Athen 107, 112
Auckland 177–181
Aulne 40
Auray 48, 50
*Australia II* 59
Avalon 166
Ayada 97

**B**agaud 69
Baja California 165, 166
Baltimore 63
Baltimore (Irland) 21
Bandol 68
Bandon River 20
Barcelona 101
Barradal 127
Bass-Straße 172
Bastia 85, 88
Baths 135
Batz 41
Baule 45
Bay of Islands 179, 181
Beagle-Kanal 186
Beaulieu 76
Beken of Cowes 12, 13, 16
Belle-Ile 46, 49
Bénat 70
Bénodet 45, 46
Benoît 42
Bequia 127
Bertrand, John 59
Big Game Fishing Club 140, 141

Bimini 137, 140, 141
Binibeca 98
Binisafulla 98
Bird Island 143, 144
Bishop Rock 19
Bitter End Yacht Club 134, 135
Blackhaller, Tom 167
Blake, Peter 177
Blasket-Inseln 22
Block Island 59, 60
BOC Challenge 59
Bodrum 116, 117, 119
Bois-de-la-Chaise 55
Bond, Alan 59
Bonifacio 84, 85, 87, 95
Bono 50
Bora 103, 105
Bora-Bora 157, 159–161
Bordeaux 56
Bosporus 116
Boston 59, 60, 62, 63
Bourgnon, Laurent 49, 63, 135
Brač 104
Brégançon 70
Bréhat 41, 43
Brest 39, 43, 50, 63
Bret 49
*Britannia* 11, 13
British Columbia 165, 168
British Virgin Islands 135
Bryher-Riffe 19
Bullandö 37
BVI 135

**C**abrera 100
Caicos-Inseln 140, 141
Calanques 68
Caleta Helena 185
Caleta Hornos 185
Calvi 81, 84, 85, 88
Camarones 185
Camille-Rayon 76
Campbell 30
Canaille 68
Canebiers 72
Cannes 76, 78, 79
Canouan 127
Canto 76
Cap Corse 85
Cap d'Arme 70
Cap Fréhel 42
Cap Lizzard 63
Cape Cod 60, 61
Caprera 95
Capri 91, 93, 95
Cargèse 85
Carnac-Plage 50
Carriacou 127, 128
Cassis 67, 68, 73
Castletownshend 21
Catalina Harbor 166
Cavalaire 70
Cavalière 70
Cayard, Paul 167
Centuri 85, 88
Charente 54
*Charles de Gaulle* 40
Chassiron 54
Château d'If 67, 69
Chausey 42
Chenal du Four 40
Chesapeake Bay 63
Chiens-Perrins 55
Chile 184, 186
Christchurch-Straße 181
Ciotat 68
Ciudadela 98, 101
Clyde-Bucht 26

Cola 59
Concarneau 45, 46, 50
Connemara 22
Conner, Dennis 59, 165, 169
Conquet 42
Cook, James 173, 177, 179
Cook-Inseln 160
Cook-Straße 181
Copa del Rey 99
Corinthian Sailing Club 16
Cork 19, 20, 23
Cork Yacht Club 23
Coromandel 179
Costa Smeralda 91, 92
Cotinière 56
Cousin und Cousine 147
Cousine 146
Créac'h 43
Crinan 30
Crinan-Kanal 26
Croisic 45
Crouesty 45, 46
Curieuse 144, 146, 147

**D**ardanellen 116
Datça 117
Değirmen Bükü 117, 119
Delphi 107, 112
Denis Island 144
Désirade 131, 133
Digue 144, 146, 147
Dikili 119
Dodekanes 108
Dohnis 150, 154
Dominica 127
Dossen 42
Douarnenez 43, 45
Drakestraße 183
Dramont 76, 79
Drenec 50
Dublin 23
Dubrovnik 103, 105
Dufresne, Marion 179
Dunstaffnage 30
Duvegan 30
Duxbury 62

**E**dgartown 62
Edinburgh 30
Eilan Dubh Mor 28
Elba 87, 91, 94, 95
Elbo 81, 88
Embiez 68
En-Vau 68
English, Pierre 159
Ephesos 116, 119
Epidauros 112
Estagnol 70

**F**afignana 93
Fairhaven 62
Fairlie 26
Farquhar Islands 145
Farralon-Inseln 168
Farrutx 100
Fastnet 23
Fastnet-Rennen 11, 16
Fastnet Rock 20, 23
Favatrix 97
Félicité 145
Ferrat 75, 78, 79
Festival de la plaisance 79
Fethiye 117, 119
Fidschi-Inseln 160
Figari 81, 87, 88
Figaro-Einhandrennen 20
Fingal 29
Fontvieille 76
Formentera 100
Formentor 99

Fornells 98, 101
Fort Boyard 56
Fort Lauderdale 137, 141
Frégate 145
Frioul 67
*Fuji-color* 49
Fumante 177

**G**aëte 95
Galapagos-Inseln 184
Galaxydi 107, 112
Galicien 55
Galway 23
Gayaneco-Archipel 185
Gibraltar 55
Giens 69, 73
Giglio 94, 95
Giraglia 85
Girolata 86
Gironde 55
Glasgow 26, 30
Glénan 46, 50
Glénan-Inseln 49
Glengariff 21
Gloucester 61
Goat Island Y.C. 60
Gois 55
Gökova 117
Golden Gate Bridge 167, 169
Golf von Hauraki 178, 181
Golf von Korinth 107
Golf von Morbihan 48
Golf von Penas 185
Golfe du Lion 101
Golfe-Juan 76
Gorda Sound 134
Göteborg 35, 36
Gotland Race 33
Grand Pavois 53
Grand-Ribaud 69
Great Barrier Insel 179
Great Mercury 179
Grenada 127–129
Griechenland 87
Groix 45
Großes-Barriere-Korallenriff 172
Großes Barriereriff 171, 173–175
Guadeloupe 123, 129, 131, 132, 134, 135
Gulhi 155
Güllük 116, 118

**H**amble River 12, 16
Hamilton Island 174
Hare Island 21
Hauraki 178
Hawk Channel 138
Hayman Island 174, 175
Héaux de Bréhat 39
Hebriden-Archipel 28
Héliopolis 69
Herbaudière 55
Herreshoff 59
Hoëdic 46, 49
Honolulu 167
Hood, Ted 61
Hook Island 174, 175
Houat 46
Huahine 158, 160, 161
Hugh Town 19
Hulule 150
Hvar 104, 105
Hydra 107, 112
Hyères 69, 70, 73, 84, 88, 95

**I**biza 100
Ile de Batz 43
Ile de Sein 41

Ingarö 34
Inishark 22
Inishbofin 22
Inseln unter dem Wind 158, 161
*Intrepid* 63
Inveraray 30
Inverness 27
Ischia 94
Isle of Wight 11, 13
Isthmus von Korinth 107
Italien 87
Itea 107, 112
Ithaka 107, 112
Izmir 116

**J**achtklubben 37
Jaudy 42
Jeantot, Philippe 59
*Jet Service* 63
Jost van Dyke 131, 135
Juliana 133
Jungferninseln 132–135
Jungfraueninsel 42

**K**ale Kay 119
Kaledonischer Kanal 27, 29
Kalifornien 60, 184
Kalymnos 108
Kappadokien 116
Karibik 55
Kaunos 115, 117, 119
Kawau 178
Kefallinia 107
Kekova 118
Kenmare 21
Kerikeri 181
Key Largo 138
Key West 138, 141
Keys 137
Kinsale 20, 23
Kintyre 26, 30
Kitchen Cove 21
Klerrig-Inseln 20
Klipper 169, 184
Korfu 107, 112
Korčula 104
Kornati 103, 105
Korsika 92
Kos 110, 118
Kreta 108
Krka 104
KSSS 36
Kuba 131, 132, 138
Kuşadası 116, 119
Kykladen 107, 108, 112
Kyria Panaghia 112

**L**a Paz 166
Lampaul 40, 43
Land's End 19
Langoustier 70
Lannion 42, 43
Lanvéoc-Poulmic 40
Lavagna 95
Lavandou 70
Lavezzi-Archipel 88
Lavezzi-Inseln 87
Leeuwin-Kap 172
Léguer 42
Léoubes 70
Lérins-Inseln 76, 79
Levant 69, 73
Levanzo 93
Lewis, Cam 63
Libeccio 85, 88
Lion de Rocapine 87
Lipari-Archipel 95
Liparische Inseln 81, 93
Lizard Island 174

Ljusterö 34
Llevantades 101
Loch Mcidart 29
Locmaria 46
Loguivy 42
London 11, 30
London, Jack 167, 169
Long Beach 166
Long Beach Yacht Club 169
Long Island Sound 59
Longue 40
Lorient 45, 50
Los Angeles 165, 167, 169
Louët 41
Lymington 12, 16

Maaramu 161
Macarella 98
Maddalena 92, 95
Maddalena-Archipel 87
Madec, Serge 63
Magellanstraße 185
Mahé 145–147
Mahon 97, 98
Maital 147
Male 150, 155
Mallorca 98–101
Malta 81
Manchester 61
Mar del Plata 185
Mar del Plata (Argentinien) 187
Marathon 138
Marblehead 60–62
Marennes 54
Maretimo 93
Marie-Galante 131, 133
Marin 23, 123
Marina del Rey 166, 169
Marlborough Sound 181
Marmaris 116, 118, 119
Marquesas-Inseln 160, 168
Marseille 67, 69, 73
Marsh Harbour 139
Marstrand 36
Martha's Vineyard 60–62
Martin 77
Martinique 123, 129, 131, 132
Match racing 169
Maumusson 54
Mauritius 149
Mayereau 129
Mayflower 62
Meltemi 107
Menorca 98–101
Menton 84
Mercury Bay Boating Club 181
Mer d'Iroise 39, 40
Meule 55, 56
Miami 137, 141
Miami Beach 139, 141
Miami Boat Show 141
Milazzo 93
Milna 104
Minimes 53, 54
Mission Bay 167, 169
Mistral 58
Moine 48
Molène 41
Moli 97
Monaco 76, 77, 79
Monaco Classic Week 77
Moorea 158, 159
Morcom, Toby 179
Morgiou 68
Morlaix 41, 42
Morstrand 37
Motutapu 178

Moulin-Blanc 40
Mull 28
Mustique 127, 129
Mykenä 112
Mykonos 109, 112

Nantes 43, 50, 56
Nantucket 60, 61, 62
Napoule 76
Nara Inlet 174, 175
Nassau 140, 141
Nauplia 112
Neapel 92, 93
Needles 13
Neukaledonien 160
Nevis 133, 135
New Bedford 62
Newport Beach 166
New York 59, 60, 63
Niel 73
Nioulargue 67, 72, 73, 79
Nizza 78, 79
Noirmoutier 55, 56
Noirmoutier-en-l'Ile 55
Norfolk 63
Norge 13
North, Lowell 166
Notre-Dame-de-la-Garoupe 76

Oakland 169
Oban 27, 29, 30
Odet 48–50
Oléron 54, 56
Ölü Deniz 116, 119
Opua 180, 181
Oristano 93
Orkney-Inseln 29
Ouessant 40, 43

Paimpol 40
Pakihi 178
Palais 46, 49
Palm Beach 137
Palm Island 129
Palma 99
Pampelonne 70, 73, 75
Pamperos 185
Pamukkale 116
Panamakanal 183
Pantelleria 91
Papeete 159, 161
Paradise Island 140
Paris 56
Passat 126
Patagonien 184
Pekapeka 181
Pen Duick 49
Penzé 42
Pergamon 116, 119
Perros-Guirrec 42, 43
Perth 171
Pertusato 87
Petit Bateau 127
Petit Rameau 127
Petit Tabac 127, 129
Petite Terre 133–135
Peyron, Loïc 49
Ploumanach 39
Plymouth 62
Point Loma 165
Pointe-à-Pitre 135
Pojvla 104
Pollensa 99
Pont-Aven 46, 48, 50
Pontinische Inseln 94, 95
Ponui 178
Ponza 95
Pornichet 45
Poros 109

Porquerolles 69, 73
Port-au-Prince 141
Port-Belon 50
Port-Camargue 73
Port-Cros 69, 70, 72, 73
Port-Goulphar 48
Port-Grimaud 75
Port-Joinville 55
Port-Maria 48
Port-Navalo 48
Port-Pin 68
Port-Rhu 45
Port-Tudy 46, 50
Porter 98
Porto Cervo 91, 92, 95
Porto-Vecchio 85, 87
Portsmouth 11, 13
Pouliguen 45
Poupon 59
Praslin 143, 144, 146, 147
Primagaz 49, 135
Procida 94
Providence 60, 63
Provincetown 61
Pucisca 104
Puerto Deseado 185
Puerto San Julián 185
Puerto Williams 185, 187
Puget Sound 168
Pula 103
Punta Arenas 186, 187

Queen Elizabeth 169
Quiberon 46, 49, 159
Quimper 50

Raiatéa 157, 158, 161
Rance 42, 43
Rangitoto 178
Raz de Sein 40
Ré 54, 56
Recouvrance 40
Régates royales 79
Régates Royales von Cannes 76
Rennes 43
Revellata 85, 88
Rhodos 108, 110, 112, 118, 119
Rochefort 54
Roches-Douvres 43
Rockport 61
Ronde 146
Roques 128, 129
Rotoroa 178
Rottnest-Inseln 172
Rousse 85
Route du Rhum 42, 43, 135
Roux 81
Royal Ocean Racing Club 16
Royal Yacht Squadron 11, 13, 16
Russell 179, 181

Saba 131, 133, 135
Sables-d'Olonne 55
Saint Barth 133
Saint Barthélemy 132, 133, 135
Saint-Florent 85
Saint Francis Yacht Club 167, 169
Saint George's 128
Saint-Gilles-Croix-de-Vie 55
Saint-Honorat 76
Saint Kitts 133
Saint Lucia 123, 126, 127
Saint-Malo 39, 42, 43, 135
Saint-Mandrier 69

Saint Martin 132, 133, 135
Saint-Martin-de-Ré 54, 56
Saint Martin's Head 19
Saint Mary 19
Saint-Nicolas 50
Saint-Paul-de-Vence 78
Saint Pierre 143, 146, 147
Saint-Raphaël 73, 76, 79
Saint-Tropez 67, 70, 72, 73, 75, 79, 88
Saint Vincent 127
Sainte-Marguerite 76
Saintes 56, 132, 135
Salem 61
Salines 129
Salomon-Inseln 160
Saltsjöbaden 34, 37
Samoa-Inseln 160
Samos 117
San Antioco 93
San Diego 166–169
San Diego Yacht Club 165, 169
San Francisco 167, 169
San Francisco Bay 166
San Stefano 94
Sanary 68
Sandhamn 35, 37
Sandy Island 127, 133, 135
Sanguinaires 85
Santa Barbara 166
Santa Catalina 166
Santa Cruz 129
Santa-Lucia 76
Santo Domingo 132
Sardinia Cup 92
Sausalito 167
Sauzon 46, 48
Scandola 86
Scapa Flow 29
Schirokko 88, 101
Scilla 95
Scilly-Inseln 19, 42
Seattle 168
Semaine de La Rochelle 53
Sénétose 85, 86
Sequoia 167
Seudre 54
Seychellennuss 144
Shamrock 11, 63
Shannon 23
Shetland-Inseln 29
Shute Harbour 175
Šibenik 104, 105
Sicié 69
Silhouette 146
Sister-Inseln 147
Sizilien 81, 87
Skellig-Inseln 21, 23
Skopea Liman 119
Skopelos 112
Skradin 104
Skye 28, 30
Slocum, Joshua 62
Slogo 23
Smögen 35
Snark 168
SNBSM 43
Société des Régates rochelaises 53, 56
Sormiou 68
Southampton 11–13
Spanien 55
Sperone 88
Spetsai 107
Spi Ouest-France 49, 50
Split 104
Sporaden 109
Sterr Wen 48
Stockholm 33–35, 37

Straße von Bonifacio 81, 86, 87, 92
Stromboli 92, 93
Sugitton 68
Swan River 171
Swedish Match 36, 37
Sydney 171, 172, 175
Sydney Bay 172
Sydney-Hobart-Rennen 172
Symi 108, 112, 118

Tabarly, Éric 49, 59
Tahaa 158, 161
Tahiti 157, 158, 161
Taillat 70, 73
Tänaron 112
Tarbert 26
Tasman, Abel 177
Tasmanien 172
Terlain 59
Tesco 19
Théoule 76
Tintamarre 133
Tiryns 112
Tizzano 87
Tobago Caies 127
Tonga-Inseln 160, 184
Toulon 73
Tramontana 101
Trans-Pac 167
Tréguier 42
Trieux 42
Trinidad 128
Trinité 46
Trinité-sur-Mer 40, 45, 49, 50
Trogir 104, 105
Tuamotu-Archipel 160
Tulushdoo 155
Turks-Inseln 140, 141
Twilight Race 171

Union 128, 129
Ushuaia 185–187
Ustica 93, 95
USVI 135

Vahine Island 161
Valdés 185, 187
Valparaiso (Chile) 187
Vannes 50
Var 69
Värmdö 34, 37
Velsheda 11
Vendavales 101
Vendée 53, 55
Vendée Globe 55
Ventotene 95
Victoria 146, 147
Villefranche 75, 79
Vineyard Haven 62
Virgin Gorda 134
Virgin Islands of the United States 135
Vizzavone 88

Waiheke 178
Wakatipu-See 179
Wellington 181
Westerly 63
Whangaparaoa 178
Whangaroa Harbour 181
Whitbread 178, 181
Whitbread Race 12, 33
Whitehaven Beach 175
Williwaws 185
Wollatson-Inseln 186
Wrac'h 41–43

Yeu 55, 56